Frankfurt, den 22.12.1998

HEYNE BUSINESS

Lieber Jörg

Wir gratulieren dir ganz herzlich zu deiner bestandenen Doktor-Prüfung und wünschen dir viel Glück und Erfolg bei der Jobsuche.

Andrea + Bernd

Heyne · Campus

Martin John Yate

Das erfolgreiche Bewerbungsgespräch

Überzeugende Antworten auf alle Fragen

Aus dem Englischen
von Thorsten Schmidt

WILHELM HEYNE VERLAG
MÜNCHEN

HEYNE BUSINESS
Bd. 22/2002

Titel der amerikanischen Originalausgabe:
KNOCK 'EM DEAD
Erschienen 1988 bei Adams Inc., New York

7. Auflage

Ungekürzte Taschenbuchausgabe

Wilhelm Heyne Verlag GmbH & Co. KG, München

Printed in Germany 1998
Umschlaggestaltung: Atelier Adolf Bachmann, Reischach
Herstellung: M. Spinola
Satz: Schaber, Satz- und Datentechnik, Wels
Druck und Verarbeitung: Presse-Druck Augsburg

ISBN 3-453-08168-4

Inhalt

TEIL 4

Die letzten Reserven mobilisieren

Meinem Vater Bill Yate,
der mir zeigte, daß es dort,
wo ein Wille ist,
auch einen Weg gibt,
die eigenen Ziele mit Rücksicht
und Anstand zu erreichen.

Danksagung

Mein Dank gilt folgenden Personen, die in unterschiedlicher Weise dabei geholfen haben, dieses Buch zu dem zu machen, was es heute ist – der einzig international publizierte Ratgeber seiner Art für Stellensuchende.

Aus dem Bereich der Stellenvermittlung: den Leitern der Dunhill-Personaldienste – Brad Brin aus Milwaukee, Warren Mahan aus Maine, Leo Salzman aus Columbus, Dave Bontempo aus Southampton, Paul und Pat Erickson aus Shawnee Mission, Jim Fowler aus Huntsville (und Ray Johnson), Stan Hart aus Troy, Mike Badgett aus Cherry Hills Village und John Webb und allen Einwohnern des wunderschönen San Antonio.

Dank auch Don Kipper von Ernst & Whinney, Dan O'Brien von Grumman Aerospace, Amy Margolis and Kathy Seich von Merrill Lynch, Roger Villanueva von IMS, Victor Lindquist von der Northwestern University, Ed Fitzpatrick von der University of Michigan und Mary Giannini von der Columbia University.

Und ein besonderes Dankeschön an Jill, den hellsten Stern an meinem Firmament.

Einleitung

Warum ein weiteres Buch über das Bewerbungsgespräch? Weil die anderen an dem entscheidenden Punkt halt machen, wo die überraschenden Fragen anfangen. Sie liefern keine praktischen Ratschläge über das, was Sie in der Hitze des Gefechts tun sollten. *Das erfolgreiche Bewerbungsgespräch* hilft Ihnen zunächst, Bewerbungsgespräche zu vereinbaren, und kommt dann direkt auf Ihre größte Furcht zu sprechen: »Wie in aller Welt soll ich diese Frage beantworten?« Es setzt dort an, wo die anderen sich geschlagen geben.

In diesem Buch werden Ihnen über einhundert der verzwickten, hinterlistigen, gemeinen und fiesen Fragen vorgestellt, mit denen Ihre Gesprächspartner Sie gern konfrontieren. Ich zeige Ihnen, was der Interviewer mit jeder einzelnen Frage über Sie herauszufinden versucht, und erläutere, wie Sie darauf am besten antworten. Nach jeder Erläuterung erhalten Sie eine Musterantwort und die einzigartige Methode, wie Sie diese Musterantwort auf Ihre persönliche Situation zuschneiden können. Die Beispiele selbst stammen aus der Praxis: Sie beziehen sich auf Verhaltensweisen, die jemand wie Sie bei seiner Arbeit zeigte, durch die er auf sich aufmerksam machte und die ihm bei seinem beruflichen Weiterkommen halfen.

Vielleicht bewerben Sie sich um Ihre erste Stelle oder Sie kehren ins Berufsleben zurück, oder vielleicht sind Sie ein erfahrener Manager, der eine weitere Stufe auf der Leiter des Erfolges erklimmt. Wer Sie auch sind, dieses Buch wird Ihnen bestimmt helfen, denn jeder Interviewer versucht, den Bewerber/die Bewerberin nach drei Gesichtspunkten zu bewerten: Sind Sie der Aufgabe gewachsen? Sind Sie bereit, sich die Mühe zu geben, die für den Erfolg Ihrer Arbeit nötig ist? Sind Sie leicht zu führen?

In Bewerbungsgesprächen für eine neue Stelle werden Sie zwei Typen von Interviewern begegnen. Der erste Typus ist der ›bewußt Kompetente‹, ein fachlich ausgebildeter Interviewer mit einem sorgfältig strukturierten Plan zur Aufdeckung aller Ihrer Fehler und Schwächen. Der zweite Typus ist der ›unbewußt Inkompetente‹, der genauso gefährlich ist und seine Urteile einzig auf intuitive Reaktionen gründet. Dieses Buch hilft Ihnen, beide Charaktertypen zu erkennen und zu beeindrucken.

Das Bewerbungsgespräch ist ein geregelter, ritueller Paarungstanz, in dem die besten Partner die glänzenden Preise davontragen. Die Schritte dieses Tanzes sind Stoß und Parade, Geben und Nehmen, Frage und Antwort – Dinge also, die ein geschäftliches Gespräch sinnvoll machen. Lernen Sie diese Schritte, dann können Sie mittanzen.

Ihr Partner in dem Tanz ist der Interviewer, der Sie mit überraschenden Fragen führt, deren Hintergründigkeit dem ungeübten Ohr entgeht. Sie lernen, wie man diese in anderen Fragen verborgenen Fragen erkennt. Und dieses Wissen wird Sie gelassen, ruhig und gefaßt machen, während andere Bewerber sich durch Anfälle von Nervosität disqualifizieren.

Wie entdeckt man den verborgenen Sinn von Fragen? Ich hörte vor kurzem die Geschichte einer jungen Frau, die sich in einem Bewerbungsgespräch für eine stark streßbelastete Stelle in einem Fernsehstudio zunächst recht wacker hielt. Der Interviewer wollte herausfinden, wie sie auf plötzliche Streßsituationen reagieren würde, wie sie beim Fernsehen häufig vorkommen, und erhielt die Antwort, indem er fragte: »Wissen Sie, ich glaube eigentlich, daß Sie für die Stelle ungeeignet sind; wären Sie in einem anderen Unternehmen nicht besser aufgehoben?« In ihrem verletzten Stolz sprang die Kandidatin auf und stürzte wütend aus dem Raum. Sie wird nie erfahren, wie nah sie am Erfolg war, oder wie leicht es gewesen wäre, die Stelle zu bekommen. Der Interviewer lächelte; er hatte sie mit einer überraschenden Frage überführt. Meinte der Interviewer es so, wie er es sagte? Was steckte wirklich hinter der Frage? Wie hätte sie damit fertig werden und die Stelle bekommen können? Klare Antworten darauf finden Sie in diesem Buch.

Das Bewerbungsgespräch hat viele Ähnlichkeiten mit einer gepflegten gesellschaftlichen Unterhaltung. Stellenangebote fallen letztlich immer dem Bewerber zu, der aus einer einseitigen Prüfung seiner Kompetenz einen dynamischen Gedankenaustausch zwischen zwei Profis machen kann. Hier lernen Sie die Techniken, mit denen Sie die Aufmerksamkeit des Interviewers auf sich ziehen und an sich binden können, während Sie sich zugleich als bester Bewerber für die Stelle empfehlen.

Das erfolgreiche Bewerbungsgespräch ist Ihr Schlüssel zum Erfolg in den schlimmsten Einstellungsgesprächen, in die Sie geraten können. Das Buch besteht aus vier miteinander zusammenhängenden Teilen. Jeder Teil bereitet Sie in unterschiedlicher Weise auf das Bewerbungsgespräch und den Auswahlprozeß vor. ›Die gut gepackte Aktentasche‹ macht Sie kampfbereit. Sie werden schnell lernen, nicht nur einen zugkräftigen Lebenslauf zu schreiben, sondern auch eine beispiellose Methode zu beherrschen, die garantiert, daß Ihr Bewerbungsschreiben als etwas Besonderes herausragt. Sie werden auch lernen, wie Sie freie Stellen, die nie in den Zeitungen erscheinen, auf allen Ebenen von Unternehmen ausfindig machen.

Wir sind eine arbeitsbesessene Nation, doch wird ständig geklagt, es gäbe keine Arbeit. Einige finden es leichter, gegen die Dunkelheit anzuschreien, als den Mut zu haben, eine Kerze anzuzünden, aus Furcht, sie könnten sich einen Finger verbrennen. Wenn Sie wissen, wo und wie Sie suchen müssen, werden Sie den geheimnisvollen, verborgenen Stellenmarkt entdecken, von dem manche ›Kopfjäger‹ sprechen. Tausende von Stellen gibt es, die nie in den Zeitungen auftauchen. Sie werden lernen, an die Quelle zu kommen.

Sobald Sie einsatzbereit sind, untersucht ›Der erste Schritt‹ alle Vorgehensweisen, sich ein Bewerbungsgespräch zu verschaffen, und bringt Ihnen einfache und wirkungsvolle Methoden bei, viele Bewerbungsgespräche an Land zu ziehen. Dieser Abschnitt endet mit Techniken, die Sie erfolgreich durch die sich immer mehr verbreitenden telefonischen Bewerbungsgespräche lotsen sollen.

Das erfolgreiche Bewerbungsgespräch vermittelt Ihnen genau das, was Sie brauchen, und lehrt Sie einige wertvolle Lektionen aus dem Berufsleben, die zu ihrem zukünftigen Erfolg beitragen werden. Alle erfolgreichen Unternehmen legen bei ihren Angestellten auf die gleichen Dinge Wert, und wenn Sie das nicht alles von vornherein schon mitbringen, so können Sie es sich doch aneignen. Nicht möglich? Ich beweise es Ihnen mit den zwanzig zentralen Persönlichkeitsmerkmalen, die jede erfolgreiche Firma von Ihnen erwartet.

›Die letzten Reserven mobilisieren‹ garantiert, daß es nach dem Ende des Bewerbungsgesprächs nicht für Sie heißt: »Aus den Augen, aus dem Sinn.« Sie erfahren sogar, wie Sie sich ein Stellenangebot angeln, nachdem man Sie bereits abgelehnt hatte. Das Wichtigste dabei ist, daß alle diese Techniken zusammengenommen Ihnen ein ungeheures Selbstvertrauen geben, wenn Sie zu einem Bewerbungsgespräch gehen: kein Bammel, keine schwitzenden Hände mehr.

Wenn Sie wissen wollen, wie es im Wirtschaftsleben zugeht, welches Know-how Geschäftsleute von ihren Angestellten erwarten, wie Sie Bewerbungsgespräche zustande bringen, sich darauf vorbereiten und sich darin verkaufen können, dann ist dies das richtige Buch für Sie.

Das erfolgreiche Bewerbungsgespräch gibt Ihnen die Methoden, die Sie brauchen, um den Arbeitsplatz Ihrer Träume zu erobern. Also an die Arbeit, und erklimmen Sie eine Sprosse der Karriereleiter, indem Sie überzeugende Antworten auf verzwickte Fragen im Bewerbungsgespräch geben.

Teil 1

Die gut gepackte Aktentasche

Da draußen, im unerforschten ›Dschungel‹ Ihres Berufes, verstecken sich viele Unternehmen. Einige größere Konzerne, einige kleine Familienunternehmen und einige, die dazwischen liegen. Sie alle haben etwas gemeinsam, und das sind *Probleme*. Um diese Probleme zu lösen, brauchen Unternehmen Mitarbeiter. Jeder, der schon irgendwann einmal irgendeine Arbeit getan hat, ist ein Problemlöser. Denken Sie einmal über Ihre gegenwärtige Arbeitsaufgabe nach: Welche Probleme würden sich ergeben, wenn Sie nicht da wären? Gerade um sich dieser Probleme anzunehmen, wurden Sie ja eingestellt.

Ein Problemlöser zu sein ist gut, aber Firmen ziehen es vor, jemanden einzustellen, der auch weiß, worauf es im Wirtschaftsleben ankommt. Es gibt drei Lektionen, die Sie beherzigen sollten:

1. Unternehmen machen Geschäfte, um Geld zu verdienen. Die Mitarbeiter sind dem Unternehmen gegenüber loyal; Unternehmen sind jedoch nur ihrem Geschäftsprinzip gegenüber loyal. Sie verdienen Geld, indem sie wirtschaftlicher arbeiten und Geld sparen, indem sie leistungsfähig sind und Zeit gewinnen. Und wenn sie Zeit gewinnen, dann sparen sie Geld und haben dadurch wiederum mehr Zeit, mehr Geld zu verdienen.
2. Zwischen Ihnen und einem Unternehmen besteht nicht der geringste Unterschied. Sie beide wollen soviel Geld wie möglich in so kurzer Zeit wie möglich verdienen. Das erlaubt Ihnen, den Rest Ihrer Zeit über das zu tun, was Sie wirklich tun wollen.
3. Wenn die Wirtschaftslage gut ist, sitzen Sie am längeren Hebel und können die Bedingungen diktieren. Das nennt man einen *Verkäufermarkt*. Wenn es schlecht

um die Wirtschaft steht, sitzt der Arbeitgeber am längeren Hebel und kann die Bedingungen diktieren; das nennt man einen *Käufermarkt*.

Lektion 1 informiert Sie über die drei Dinge, an denen jedes Unternehmen interessiert ist. Lektion 2 überzeugt Sie davon, daß Sie im Grunde die gleichen Ziele wie das Unternehmen haben. Lektion 3 stellt klar, daß jeder, der nur einen Funken Verstand hat, in einem Verkäufermarkt sein möchte.

Wenn Sie sich jeweils immer nur um eine Stelle bemühen, begeben Sie sich in einen Käufermarkt. Wenn Sie meine Ratschläge beherzigen, ziehen Sie viele Bewerbungsgespräche an Land, weil Sie dann mit allen Fragen fertig werden können. Außerdem werden Sie mehrere Stellenangebote erhalten. Dadurch haben Sie das Heft in der Hand und plazieren sich in einem Verkäufermarkt.

Wenn Sie in einem Verkäufermarkt operieren, müssen Sie wissen, wer und wo Ihre Käufer sind und wonach sie suchen, um dann mit dem richtig gestylten Produkt bereitzustehen.

In Teil 1 erfahren Sie, wie Sie all jene Unternehmen ausfindig machen, die Ihre Dienste vielleicht sehr dringend brauchen könnten. Sie werden die Namen der Mitglieder der Führungsgremien herausfinden, das Verkaufsvolumen des Unternehmens, die vollständige Palette der angebotenen Dienstleistungen oder Produkte und die Unternehmensgröße. Sie werden Ihre fachlichen Fähigkeiten mit einer Methode bewerten und darstellen, die garantiert jeden Arbeitgeber anspricht. Und sie werden bei sich heißbegehrte Fachkompetenzen entdecken, deren Existenz Sie nie vermutet hätten.

Eine gute Vorbereitung verlangt mehr, als nur müßig die Stellenanzeigen durchzugehen. Sie erfordert ein bißchen Disziplin, ein wenig Mühe. Aber sind Ihre beruflichen Ziele diese Mühe nicht wert? Es wird ein paar Tage Arbeit kosten, so richtig in Gang zu kommen.

Als erstes sollten Sie in eine Bibliothek gehen (mit genügend Papier und Kugelschreibern). Packen Sie ein paar belegte Brote ein; nichts auf der Welt läßt sich mit dem Gefühl vergleichen, auf den Treppen einer Bibliothek einen Mittagsimbiß einzunehmen.

Kapitel 1

Wie Sie sich einen Überblick verschaffen

Betreten Sie die Bibliothek zielstrebig, und fragen Sie nach dem Katalogbereich. Wenn Sie ihn gefunden haben, schauen Sie sich einige Minuten um, bevor Sie Ihre Wünsche äußern. Sie werden entdecken, daß Bibliotheken ein guter Ort sind, um Menschen zu beobachten; suchen Sie sich also den besten Sitzplatz im Haus. Vergewissern Sie sich, daß Sie eine ungehinderte Sicht auf den Schreibtisch des Bibliothekars haben. Wenn Sie eine Verschnaufpause brauchen – dort ereignen sich allerhand komische Szenen.

Nachschlagewerke

Es gibt eine Reihe von Nachschlagewerken, die Sie zu Rate ziehen können; sie sind in der Bibliographie aufgeführt. Ich werde hier keinen Platz damit verschwenden, Ihnen beizubringen, wie man diese benutzt – der Bibliothekar wird das gern tun.

Ihr Ziel ist es, Unternehmen in dem von Ihnen ausgewählten geographischen Gebiet herauszusuchen und individuelle Dossiers über sie anzulegen. Sie sollten sich nicht zu sehr von Ihrem ersten Eindruck beeinflussen lassen: Sie fischen nach möglichen freien Stellen, werfen Sie Ihr Netz deshalb weit aus und verzeichnen Sie alle Firmen.

Nehmen Sie einen Schreibblock, verwenden Sie für jedes Unternehmen ein gesondertes Blatt, und schreiben Sie darauf alle relevanten Informationen. Um sicherzustellen, daß wir unter ›relevant‹ dasselbe verstehen, wer-

Aktiengesellschaft
Zentrale: Kurfürstendamm
Berlin
Telefon: (030) 246 80 91
Personalabteilung (Georg Flies, Chef) (030) 2 46 80 93

Vorstandsvorsitzender: Helmut Stein
Aufsichtsratsvorsitzender: Dr. Martin Kluge
Direktor der Exportabteilung: Daniel Weber

Das Unternehmen produziert Hochleistungs-Sportwagen in seiner Fabrik in Braunschweig, liefert Werkzeuge und Schlüsselkomponenten für die Montage in Übersee. Die Exporte erweitern sich auf Märkte in Großbritannien, den USA und im Nahen Osten.

Umsatz (1985): 20 Mio. DM
Gewinn: + 11,5 % gegenüber 1988

Erwarb vor kurzem eine Maschinenfabrik in Düsseldorf.

fen Sie einen Blick auf das Beispiel auf S. 21. Notieren Sie die Namen des Aufsichtsrats- und des Vorstandsvorsitzenden (bzw. Geschäftsführers), die vollständige Palette von Dienstleistungen und/oder Produkten des Unternehmens, seine Größe und die Standorte der verschiedenen Zweigniederlassungen. Wenn Ihnen weitere Informationen interessant erscheinen, schreiben Sie diese auf jeden Fall auf. So könnte es etwa sein, daß Sie zufällig auf Informationen über Wachstum oder Schwund in einem bestimmten Unternehmensbereich stoßen; oder Sie lesen vielleicht etwas über die kürzliche Übernahme anderer Unternehmen. Schreiben Sie es auf.

Alle diese Informationen werden Ihnen helfen, sich beim Bewerbungsgespräch auf drei verschiedene Weisen zu profilieren: Ihr Wissen macht einen guten Eindruck, wenn Sie sich das erste Mal bei dem Unternehmen vorstellen. Man registriert, daß Sie sich Mühe gegeben haben. Daß sich sonst keiner darum kümmert, ist ein zweiter Vorteil. Aus beidem ergibt sich drittens, daß Sie das Unternehmen und folglich auch Ihren Gesprächspartner im Bewerbungsgespräch respektieren. Das trägt dazu bei, Sie von der breiten Masse abzuheben.

All Ihre Mühe zahlt sich offensichtlich kurzfristig aus, indem sie Ihnen hilft, Stellenangebote zu erhalten. Aber sie hat auch auf lange Sicht einen Sinn, weil Sie ein individuelles Nachschlagewerk Ihrer Branche, Ihres Fachgebiets und/oder Ihres Berufes anlegen, das Ihnen während Ihres gesamten Arbeitslebens nützt. Und zwar immer, wenn Sie sich verändern wollen.

Unglücklicherweise ist kein einziges Nachschlagewerk wirklich vollständig. Schon an ihrer Größe und ihrem Inhalt erkennt man, daß die meisten zur Zeit ihrer Veröffentlichung leicht veraltet sind. Auch listet kein einziges Nachschlagewerk alle Unternehmen auf. Weil Sie nicht wissen, welches Unternehmen den besten Arbeitsplatz für Sie hat, müssen Sie sich in Ihrer Gegend über so viele Betriebe wie möglich informieren. Deshalb müssen Sie zusätzliche Nachschlagewerke konsultieren.

Vergessen Sie nicht, jeden Fachführer durchzusehen, der in der Bibliographie angeführt ist, einschließlich des *Handbuchs der Großunternehmen* und Ihres örtlichen Firmenadreßbuches.

Packen Sie am Abend Ihre Sachen zusammen, und machen Sie sich auf den Weg nach Hause. Denken Sie daran, unterwegs eine Karte Ihrer Gegend, Reißnägel und kleine Aufklebeetiketten zu kaufen, um die nächste Phase Ihres Plans in Angriff zu nehmen.

Hängen Sie die Karte an der Wand auf. Befestigen Sie einen Bindfaden an einer Reißzwecke, stecken Sie diese an die Stelle, wo Sie wohnen, und ziehen Sie konzentrische Kreise im Abstand von einem Kilometer. In kurzer Zeit werden Sie die schöne Karte verunstaltet haben, aber Sie werden sich so einen *anschaulichen Überblick* über Ihre Anstrengungen bei der Stellensuche verschaffen.

Als nächstes nehmen Sie sich die Firmenbiographien vor, die Sie in der Bibliothek vorbereitet haben, und bezeichnen die erste mit ›Nr. 1‹. Suchen Sie den Firmensitz auf der Karte und markieren Sie ihn mit einer Reißzwecke. Beschriften Sie schließlich ein Aufklebeetikett mit ›Nr. 1‹, und kleben Sie es auf den Kopf der Reißzwecke. Im Laufe der Zeit erscheint so ein dramatisches Bild Ihrer Tagesarbeit. Jeder mit Reißzwecken bespickte Kreis ist ein Gebiet, das Sie bearbeiten müssen, und jede dieser Reißzwecke symbolisiert einen potentiellen Arbeitsplatz.

Wahrscheinlich werden Sie in die Bibliothek zurückkehren, um diese Recherchen zu Ende zu führen und Ihren Lebenslauf vorzubereiten. Die Nachforschungen nehmen vielleicht ein paar Tage in Anspruch. Gehen Sie das nächste Mal zu Fuß zur Bibliothek. Das ist nicht nur billiger (an sich schon ein guter Grund), sondern die Bewegung tut Ihnen auch gut. Bewahren Sie einen kühlen Kopf. Zwar suchen auch andere hochqualifizierte Arbeitskräfte nach Stellen. Die besten Chancen hat aber derjenige, der sich gründlich vorbereitet. Gehen Sie ein bißchen mehr zu Fuß. Bereiten Sie sich ein bißchen besser vor.

Zeitungen

Fast jeder, der eine neue Stelle sucht, kauft eine Zeitung und benutzt sie dann völlig falsch. Eine noch nicht lange zurückliegende Geschichte berichtet von einem Stellensuchenden, der damit begann, auf das Erscheinen der Sonntagszeitung zu warten. Er las die Zeitung und kreuzte sechs Stellen an. Bei der ersten rief er an, erfuhr jedoch, daß sie bereits vergeben war. Er wurde dabei von jemandem abgekanzelt, der kurz vorm Explodieren war und der ihn ersuchte, in Zukunft doch gefälligst zu schreiben und einen Lebenslauf zu schicken. Da es nichts Schlimmeres gibt, als solche Telefongespräche zu erleben, rief er die anderen fünf Firmen nicht an, sondern nahm sich eine Woche Zeit, einen Lebenslauf zu schreiben, den niemand lesen, geschweige denn verstehen würde. Verschickte ihn an ein Dutzend Firmen. Wartete eine Woche auf einen Anruf. Wartete noch eine Woche. Versetzte der Katze einen Fußtritt. War deprimiert wegen der Sache, noch deprimierter über sich selbst, kippte ein paar Drinks in sich hinein. Das Telefon läutete, jemand war an dem Lebenslauf interessiert, aber leider Gottes nicht an jemandem, der schon zur Mittagszeit nicht mehr klar reden konnte. Fühlte sich noch elender, blieb lange im Bett. Das Telefon läutet: ein Bewerbungsgespräch! Fühlte sich gut, ging zu dem Bewerbungsgespräch. Sie würden ihm in ein paar Tagen Bescheid geben. Sie tun es nicht, und wenn er anruft, sind alle auf mysteriöse Weise nicht erreichbar. Schließlich beginnt er, sich wie ein Schandfleck in der Landschaft zu fühlen.

Auch wenn das offensichtlich ein extremes Beispiel ist, wird es doch vielen nur allzu bekannt vorkommen. Es zeigt den falschen Weg, eine Zeitung zu benutzen, wenn man nach einer Stelle sucht.

Unglücklicherweise greifen Arbeitssuchende gewöhnlich entweder auf eine Zeitung *oder* ein Nachschlagewerk zurück, aber nur selten auf beides. Sie laufen Gefahr, in einem Käufermarkt zu enden. Kein empfehlenswerter Aufenthaltsort!

Während Nachschlagewerke Ihnen jede Menge verläßliche Informationen über ein Unternehmen liefern, sagen sie Ihnen nur wenig über offene Stellen. Zeitungen wiederum berichten Ihnen über spezielle Stellen, die sofort besetzt werden müssen. Aber sie vermitteln Ihnen nur wenige harte Fakten über das Unternehmen. Die beiden Arten der Informationsbeschaffung sollten einander ergänzen. Häufig werden Sie Stellenanzeigen von Unternehmen finden, über die Sie bereits recherchiert haben. Welch wirkungsvolle Kombination von Information steht Ihnen dann zur Verfügung, wenn Sie die Schwelle zum Bewerbungsgespräch überschreiten!

Zeitungen sind dazu da, alle Unternehmen herauszufinden, die augenblicklich Arbeitskräfte einstellen. Schreiben Sie alle relevanten Details jeder einzelnen freien Stelle auf ein separates Blatt Papier, wie Sie es zuvor mit den Nachschlagewerken getan haben. Dazu gehören: Namen des Unternehmens, Adresse, Telefonnummer und Ansprechpartner.

Sie sollten sich nicht nur nach solchen freien Stellen umschauen, die Ihre spezielle Berufsbezeichnung tragen, sondern auch nach Unternehmen, die regelmäßig Personal aus Ihrem Fachgebiet suchen. Die Tatsache, daß eine Stelle nicht inseriert ist, bedeutet nicht, daß ein Unternehmen Sie nicht gebrauchen kann. Wenn ein Unternehmen Neueinstellungen vornimmt, ist vielleicht eine Stelle für Sie dabei. In den Fällen, in denen ein Unternehmen inseriert, aber nicht speziell jemanden mit Ihrer Qualifikation sucht, sollten Sie sich alle wichtigen Daten über Anlaufstellen in dem Unternehmen notieren. Sie können die Lösung eines Problems sein, das gerade erst aufgetaucht ist, und Sie sollten deshalb Kontakt aufnehmen.

Es ist immer eine gute Idee, alte Ausgaben von Zeitungen durchzugehen. Das kann Ihnen eine reiche Quelle von freien Stellen eröffnen, die auf frühere Inserate hin nicht vergeben wurden.

Die ›verborgenen‹ Stellen

Der Grund, weshalb Sie eine Kombination von Nachschlagewerken und Annoncen verwenden müssen, liegt darin, daß Unternehmen dazu neigen, Neueinstellungen zyklisch vorzunehmen. Wenn Sie sich ausschließlich auf Zeitungen verlassen, entgehen Ihnen die Firmen, die Ihre Zyklen erst später beginnen oder schon beendet haben. Diese umfassenden Recherchen sind ein Weg, das zu erschließen, was die Wirtschaftspresse den ›verborgenen‹ Stellenmarkt nennt. Es ist ungemein wichtig, daß Ihre Ausgangsbasis so breit wie möglich ist – Leute kennen andere Leute, die eine auf Sie maßgeschneiderte Stelle zu besetzen haben.

Wenn Sie alle diese Unternehmen auf Ihrer Karte verzeichnen, verfügen Sie über ein großartiges Panorama von Interessenten, den Grundstock eines Dossiers über jedes einzelne Unternehmen und über eine wirkungsvolle Methode, den genauen Standort aller Unternehmen herauszufinden. Das hilft Ihnen, Ihren Weg zu einem Bewerbungsgespräch zu finden und die offenen Stellen zu bewerten, die sich Ihnen anbieten.

Gründliches Recherchieren und Vorbereiten sind das eigentliche Fundament, um in Bewerbungsgesprächen gut abzuschneiden. Und je mehr Bewerbungsgespräche Sie führen, um so größer werden Ihre Fertigkeiten im Recherchieren; diese sind der erste Schritt, durch den Sie sich in einem Verkäufermarkt plazieren.

Kapitel 2

Es jedem recht machen – wie Sie Ihren Lebenslauf auf Hochglanz bringen

Interviewer verlangen heutzutage immer wieder detaillierte Beispiele Ihrer früheren Leistungen. Sie gehen sicher davon aus, daß Sie an Ihrem neuen Arbeitsplatz zumindest genausoviel (oder so wenig) leisten werden wie an Ihrem alten, und daher werden die von Ihnen angeführten Beispiele Ihr Schicksal besiegeln. Deshalb müssen Sie Ihre früheren Leistungen in einer pragmatischen Weise prüfen, die sicherstellt, daß Sie diese Fragen richtig anpacken.

Dieses Kapitel zeigt Ihnen, wie Sie jene Beispiele aus Ihrer Vergangenheit herausfinden, die jeden Interviewer beeindrucken werden. Das gibt Ihnen einen speziellen Bonus. Zudem erhalten Sie alle relevanten Informationen für einen exzellenten Lebenslauf: zwei Fliegen mit einer Klappe.

Lebensläufe sind selbstverständlich wichtig. Es gibt zwei Dinge, die Sie darüber wissen sollten. Erstens: Sie kommen nicht ohne aus. Zweitens: Niemand wird ihn lesen wollen. In der Regel wurde der Interviewer nicht dazu ausgebildet, ein effizientes Bewerbungsgespräch zu führen; er findet es wahrscheinlich genauso unangenehm wie Sie und wird alles mögliche tun, um Unannehmlichkeiten zu vermeiden. Lebensläufe werden deshalb eher dazu benutzt, Bewerber auszusieben als auszuwählen. Deshalb muß Ihr Lebenslauf es jedem recht machen.

Eine weitere Gefahr, die Sie vermeiden müssen, ist die Spezifizierung Ihrer Fachkenntnisse im Lebenslauf. Es ist eine nüchterne, unbestreitbare Tatsache, daß die erste Person, die Ihren Lebenslauf zu Gesicht bekommt, häufig in der Personalabteilung sitzt. Diese Abteilung sucht Bewerber für viele verschiedene Stellen aus, und es kann von ihr nicht erwartet werden, über jedes Ressort des Unternehmens bzw. den dort üblichen Jargon gründlich Bescheid zu wissen.

Aus diesen Gründen muß Ihr Lebenslauf leicht zu lesen und zu verstehen sein, kurzum, verwenden Sie Wörter, die dem Leser vertraut sind und generell ansprechend wirken. Am wichtigsten: Stellen Sie sich als Problemlöser dar.

Zwar behandelt dieses Kapitel Methoden, einen erfolgreichen Lebenslauf abzufassen, hauptsächlich möchte es Ihnen jedoch helfen, im Bewerbungsgespräch besser abzuschneiden. Sie erreichen das, indem Sie Ihre Fachkompetenz entsprechend den nachfolgenden Übungen bewerten. Sie werden wahrscheinlich sogar Fähigkeiten und Leistungen entdecken, von deren Existenz Sie nicht einmal etwas ahnten. Ein paar davon können Sie in Ihrem Lebenslauf unterbringen (lediglich eine Vorschau auf kommende Glanzpunkte); die anderen werden Sie dazu benutzen, sich erfolgreich im Bewerbungsgespräch zu schlagen.

Wie Sie Ihren Lebenslauf aufsetzen

Ein guter Ausgangspunkt ist Ihre gegenwärtige oder letzte Berufsbezeichnung. Schreiben Sie sie auf. Dann notieren Sie sich alle anderen Berufsbezeichnungen, die Sie kennen und die diese Stelle beschreiben. Wenn Sie damit fertig sind, beschreiben Sie in drei bis vier Sätzen Ihre Arbeitsaufgaben. Denken Sie nicht zu sehr darüber nach, tun Sie es einfach. Diese Berufsbezeichnungen und Beschreibungen stehen ja nicht unwiderruflich fest. Sie sind der Anfang der Übungen zur Formulierung Ihres Lebenslaufs. Sie werden sich über Ihre Notizen wundern: sie werden besser klingen, als Sie gedacht hätten.

Alle Eigenschaften, die Sie in den folgenden Übungen entdecken oder entwickeln, sind für einen Arbeitgeber wertvoll. Sie besitzen viele wünschenswerte Merkmale, und diese Übungen helfen Ihnen, sie aufzudecken und ins rechte Licht zu rücken.

Übung 1

Lesen Sie nochmals die schriftliche Stellenbeschreibung durch und notieren Sie dann Ihre *wichtigste* Aufgabe oder Funktion. Danach erstellen Sie eine Liste mit den Qualifikationen oder der speziellen Ausbildung, die man braucht, um diese Aufgabe zu erfüllen. Als nächstes führen Sie die Leistungen an, auf die Sie in diesem Bereich besonders stolz sind. Das könnte ungefähr so aussehen:

Aufgabe: das Verkaufspersonal, bestehend aus sechs Mitarbeitern, ausbilden und motivieren

Fähigkeiten: methodisch zur Ausbildung qualifiziert; Marktkenntnis und die Fähigkeit, ungelerntes Verkaufspersonal zu produktiver Arbeit anzuleiten; Fähigkeit, erfolgreiche Verkäufer immer wieder zu motivieren und an das Unternehmen zu binden

Leistungen: um 7 Prozent verringerte Fluktuation; um 14 Prozent höherer Absatz

Der potentielle Arbeitgeber interessiert sich am meisten für Ihre Leistungen, für das also, was Sie von der Masse abhebt. Versuchen Sie, die Interessen eines Unternehmens anzusprechen, indem Sie vorsichtig einschätzen, was Ihre Leistungen ihrem früheren Arbeitgeber bedeutet haben. Wurde durch Ihre Leistungen Zeit gewonnen, schätzen Sie, wieviel. Wenn mit Ihrer Hilfe Geld eingespart wurde, wieviel? Wenn Ihre Leistungen dem Unternehmen Geld einbrachten, wieviel? Hüten Sie sich vor Übertreibungen. Wenn Sie in einem Team arbeiteten, beschreiben Sie Ihre eigenen Leistungen in diesem Rahmen.

Das läßt Ihre Behauptungen glaubwürdiger erscheinen und demonstriert Ihre Fähigkeit, mit anderen zusammenzuarbeiten.

Selbstverständlich verändern sich die Leistungen mit dem Beruf. Die meisten Stellen fallen in eine der folgenden allgemeinen Kategorien:

- Verkauf
- Management und Verwaltung
- Technik und Produktion.

Während man gewöhnlich die Unterschiede zwischen diesen übergeordneten Arbeitsbereichen herausstellt, ist es für Sie sehr viel nützlicher, herauszufinden, was sie gemeinsam haben. Im Verkauf ist der Barumsatz wichtig. Dem entspricht im Management oder in der Verwaltung die Gleichung: gewonnene Zeit = eingespartes Geld; Geld einzusparen ist dasselbe wie Geld für Ihr Unternehmen zu verdienen. In den Bereichen Technik und Produktion erwachsen dem Unternehmen durch einen Produktionsanstieg (in kürzerer Zeit mehr produzieren) genau die gleichen Vorteile. Auch wenn die Berufsbezeichnungen sich unterscheiden mögen, so haben doch alle Arbeitnehmer die gleiche Chance, ihren Arbeitgebern und dadurch auch sich selbst zu nützen.

Die Computerrevolution der siebziger und die wirtschaftliche Rezession der frühen achtziger Jahre haben den Arbeitsplatz unwiderruflich verändert. Heute produzieren Unternehmen mehr mit weniger; sie haben abgespeckt, erwarten von ihren Mitarbeitern mehr Leistung und gedenken nicht, daran etwas zu ändern. Wer heute einen Arbeitsplatz bekommen und Karriere machen will, muß über ein grundlegendes Verständnis der Unternehmensziele verfügen. Erfolgreiche Stellenbewerber behalten die obersten Interessen des Unternehmens und seine Gewinnaussichten ständig im Auge.

Übung 2

Diese einfache Übung hilft Ihnen, sich ein klares Bild von Ihren Leistungen zu machen. Wenn Sie mit Ihrem Vorgesetzten über eine Gehaltserhöhung sprechen würden, welche Leistungen würden Sie anführen? Schreiben Sie schnell alles auf, was Ihnen einfällt. Dann beginnen Sie wieder von vorne und fügen die Einzelheiten hinzu.

Übung 3

Diese Übung ist besonders nützlich, wenn Sie das Gefühl haben, den Wald vor lauter Bäumen nicht zu sehen.

Problem: Erinnern Sie sich an ein mit Ihrem Arbeitsplatz verbundenes Problem, das Sie in den letzten Jahren bewältigen mußten.

Lösung: Beschreiben Sie Schritt für Schritt Ihre Lösung dieses Problems. Führen Sie alles an, was Sie getan haben.

Ergebnisse: Beurteilen Sie schließlich die Ergebnisse Ihrer Lösung, und zwar in Kategorien, die für einen Arbeitgeber von Bedeutung sind: eingenommenes oder eingespartes Geld, gewonnene Zeit.

Übung 4

Nun eine Übung, die das Fehlen einer negativen Eigenschaft in eine positive Eigenschaft verwandelt. Sie hilft Ihnen, Ihren Arbeitsplatz in einem anderen Licht zu sehen und betont wichtige, aber häufig übersehene Bereiche, die dazu beitragen, Sie zu jemand Besonderem zu machen. Beginnen Sie, bei sich selbst einige der zentralen Persönlichkeitszüge zu entdecken, die in allen Unternehmen gefragt sind.

Denken Sie zunächst an Tätigkeiten, die – wenn sie nicht ordnungsgemäß ausgeführt werden – das Ziel Ihrer Arbeit beeinträchtigen. Wenn das zu schwer ist, erinnern Sie sich an einen inkompetenten Arbeitskollegen. Was machte er falsch? Was machte er anders als *kompetente* Mitarbeiter?

Nun verwandeln Sie das Fehlen dieser negativen in positive Eigenschaften. Denken Sie beispielsweise an einen Mitarbeiter, der es nie fertigbrachte, rechtzeitig zur Arbeit zu erscheinen. Sie könnten nun ohne weiteres sagen, daß jemand, der jeden Tag tatsächlich rechtzeitig zur Arbeit kam, pünktlich und zuverlässig war, folglich vom Sinn der Vorschriften und Verfahren überzeugt, leistungsorientiert sowie kosten- und gewinnbewußt war.

Wenn Sie die Maßregelungen und die endgültige Kündigung dieses beharrlich zu spät kommenden Arbeitskollegen miterlebt haben, werden Sie den Wert dieser positiven Eigenschaften in den Augen eines Arbeitgebers erkennen. Das Fehlen negativer Eigenschaften macht Sie zu einer begehrten Arbeitskraft, aber davon wird niemand etwas wissen, wenn Sie nichts davon erzählen. Nach Abschluß dieser Übung sind Sie in der Lage, in bezug auf Ihre Vorgeschichte ordentlich Punkte zu sammeln. Sie werden sich von den anderen abheben, und sei es auch nur deshalb, weil andere die Vorteile der Darlegung aller ihrer positiven Eigenschaften nicht verstehen.

Übung 5

Potentielle Arbeitgeber und Interviewer interessieren sich immer für Bewerber, die

- leistungsorientiert sind;
- auf Wirtschaftlichkeit achten;
- Regeln befolgen;
- gewinnorientiert sind.

Gehen Sie Ihren beruflichen Werdegang durch und identifizieren Sie dabei jene Aspekte, die diese Merkmale veranschaulichen. Diese neuentdeckten persönlichen Pluspunkte werden nicht nur in Ihren Lebenslauf eingeflochten, sondern sollten sich auch in dem Tenor Ihrer Antworten im Bewerbungsgespräch widerspiegeln.

Verpacken der Daten

Sie müssen nun einige Informationen auswählen und in einen Lebenslauf packen. Es gibt drei Standardformen, einen Lebenslauf zu strukturieren:

1. *Chronologisch:* Die gebräuchlichste Form. Verwenden Sie sie, wenn Ihr beruflicher Werdegang kontinuierlich war und wenn Sie stabile Beschäftigungsverhältnisse hatten. Vermeiden Sie sie, wenn Sie Leistungsprobleme hatten oder häufig den Arbeitsplatz gewechselt haben.
2. *Funktionell:* Verwenden Sie diese Form, wenn Sie über lange Zeiträume arbeitslos waren oder zu oft abrupt Ihren Arbeitsplatz wechselten. Ein funktioneller Lebenslauf enthält keine Arbeitsdaten oder Firmennamen und konzentriert sich auf die Fachkenntnisse und die getragene Verantwortung.
3. *Prioritäten setzen:* Der Lebenslauf, der Prioritäten setzt, kann nützlich sein, wenn Sie Ihren Beruf gewechselt haben oder Ihr gegenwärtiger Zuständigkeitsbereich in keinem spezifischen Zusammenhang mit der von Ihnen angestrebten Position steht. Er ist so abgefaßt, daß die wichtigsten Erfahrungen für die angestrebte Position an erster Stelle stehen.

Beachten Sie, daß jeder Typus entworfen wurde, um gewisse unerwünschte Merkmale herunterzuspielen. Da nur wenige von uns perfekt sind (Ihr gegenwärtiger Arbeitgeber ausgenommen!), finden es die meisten Leute am besten, einen kombinierten Lebenslauf zu schreiben.

Arbeitgeber sind argwöhnisch gegenüber dem ›allzu perfekten‹ Lebenslauf. Wenn man das berücksichtigt, gibt es genau sieben Regeln, einen Lebenslauf kunstgerecht aufzusetzen.

1. Verwenden Sie die allgemeinste Berufsbezeichnung. Sie sind schließlich auf Bewerbungsgespräche erpicht, und nicht auf bestimmte Bezeichnungen. Werfen Sie

Ihr Netz weit aus. Wählen Sie eine Bezeichnung, die einerseits spezifisch genug ist, Sie in die engere Wahl zu bringen, andererseits unbestimmt genug, um weitere Fragen zu provozieren. Eine Berufsbezeichnung kann durch Anfügung des Begriffs ›Fachmann‹ diese spezifische Unbestimmtheit bekommen (z. B. Datenverarbeitungs-Fachmann, Verwaltungs-Fachmann, Fertigungs-Fachmann).

2. Vermeiden Sie es, einen Tätigkeitswunsch zu äußern. Wenn Sie eine spezifische Beschäftigung als Ihr Ziel angeben müssen, verbergen Sie diese hinter dem Beitrag, den Sie in dieser Anstellung leisten können. Äußern Sie keine Erwartungen an Ihren Arbeitgeber.
3. Erwähnen Sie nicht Ihr gegenwärtiges Einkommen. Wenn Sie zu wenig oder zu viel verdienen, könnten Sie sich selbst aus dem Rennen bringen, bevor Sie einen Fuß in die Tür bekommen. Führen Sie aus dem gleichen Grund auch nicht Ihr gewünschtes Einkommen an.
4. Denken Sie daran, daß man sich über angenehme Überraschungen sehr freut. Geben Sie jetzt eine Kostprobe Ihres Könnens, aber lassen Sie den Interviewer Ihre Trümpfe im Bewerbungsgespräch aufdecken.
5. Achten Sie darauf, daß die Länge des Lebenslaufes zwei Seiten keinesfalls überschreitet. Niemand liest lange Lebensläufe; sie sind langweilig. Und jedes Unternehmen fürchtet, einen Schaumschläger, der erst einmal hereingelassen wurde, nicht wieder loszuwerden.
6. Ihr Lebenslauf muß getippt sein. Als Faustregel gilt: Drei Seiten mit zweizeiligen, handgeschriebenen Notizen ergeben eine Seite Maschinenschrift.
7. Zu guter Letzt: Stellen Sie Ihre Leistungen und Problemlösungsfähigkeiten heraus. Halten Sie den Lebenslauf allgemein.

Kapitel 3

Das positionsspezifische Leistungsprofil

Ein allgemein gehaltener Lebenslauf hat allerdings seine Nachteile. Erstens ist er zu allgemein, um Ihre Qualifikationen auf jede spezifische Stelle abzustimmen. Zweitens werden Sie wahrscheinlich von mehr als nur einer Person befragt, und das ist ein bedeutendes Hindernis. Während Sie letzten Endes einer Person unterstehen, ist es durchaus möglich, daß Sie von anderen Teammitgliedern befragt werden. Wenn dies der Fall ist, beginnen die Probleme.

Ein Manager sagt: »Unterhalten Sie sich ein paar Minuten mit diesem Bewerber, und sagen Sie mir, was Sie von ihm halten.« Ihr allgemeiner Lebenslauf mag beeindruckend sein, aber der Manager gibt nur selten einen Überblick über die zu besetzende Stelle oder die spezifischen Qualifikationen, die sie oder er für angemessen hält. Das bedeutet, daß andere Interviewer keine Möglichkeit haben, Sie gerecht und präzis zu beurteilen. Während der Manager vielleicht spezielle Fähigkeiten erwartet, die Sie für anstehende Projekte qualifizieren, wird jemand aus der Personalabteilung möglicherweise versuchen, Ihre Fähigkeiten mit den Kuriositäten des Handbuchs für Stellenbeschreibungen zu vergleichen, und die anderen Interviewer werden ins Schwimmen kommen, weil niemand ihnen gesagt hat, worauf sie achten sollen. Das könnte natürlich Ihre Chancen, ein Stellenangebot zu bekommen, verringern.

Fachleute in Arbeitsvermittlungsdiensten stehen diesem Problem täglich gegenüber. Bei Dunhill entwickelten wir eine Lösung, die wir ›Positionsspezifisches Leistungsprofil‹ nannten. Es ermöglicht Ihnen, Ihren Lebenslauf für jede spezifische Stelle maßzuschneidern und sich auf jeden möglichen Interviewer einzustellen.

Wie viele andere große Ideen ist auch das positionsspezifische Leistungsprofil wunderbar in seiner Einfachheit. Es besteht aus einem Blatt Papier mit den Anforderungen des Unternehmens für die offene Stelle auf der linken Seite und Ihren Fähigkeiten, die Punkt für Punkt den Wünschen des Unternehmens entsprechen, auf der rechten.

Verschicken Sie ein positionsspezifisches Leistungsprofil mit jedem Lebenslauf. Es wird Ihre Chancen, von dem Unternehmen zu einem Bewerbungsgespräch eingeladen zu werden, beträchtlich erhöhen. Ein mit dem Lebenslauf verschicktes positionsspezifisches Profil vermittelt das umfassende Bild eines echten Profis und gibt eine schnell und leicht zu lesende Übersicht mit persönlicher Note, die genau beschreibt, wie Sie den augenblicklichen Bedürfnissen des Unternehmens gerecht werden können.

Der Einsatz des positionsspezifischen Profils beschränkt sich natürlich auf Stellen, die Sie durch eigene Mühe oder über Inserate entdeckt haben. Es sollte jedoch dann nicht verschickt werden, wenn die Anforderungen für eine bestimmte Stelle nicht verfügbar sind. Sie werden es jedoch oft und wirkungsvoll einsetzen können, wenn Sie die Anweisungen im nächsten Kapitel befolgen.

Hier ein Beispiel:

Sehr geehrte(r) Frau/Herr,
mein Lebenslauf gibt Ihnen zwar einen allgemeinen Überblick über meinen beruflichen Werdegang, meine Problemlösungsfähigkeiten und einige Leistungen, ich habe mir aber dennoch die Zeit genommen, Ihre aktuellen spezifischen Anforderungen und meine daraufpassenden Qualifikationen anzuführen. Ich hoffe, Ihnen dadurch Zeit und Mühe zu ersparen.

Ihre Anforderungen	Meine Qualifikationen:
1. Leitung des Benutzerbereichs einer öffentlichen Bibliothek (Ausleihe, Information etc.)	1. Erfahrung als Leiter der Informationsabteilung der Universitätsbibliothek Konstanz
2. Aufsicht über 14 ganztags beschäftigte Mitarbeiter	2. Vorgesetzter von 17 Mitarbeitern
3. Fähigkeit, mit einer größeren Führungsgruppe bei der Planung, Budgetierung und Zielformulierung zusammenzuarbeiten	3. Im letzten Jahr war ich für das Budget und die Überarbeitung der Leihordnung zuständig
4. Diplom in Bibliothekswissenschaft	4. Ich besitze dieses Diplom
5. Drei Jahre Berufserfahrung	5. Ein Jahr Berufserfahrung in einer öffentlichen und zwei Jahre in der Universitätsbibliothek von Konstanz

Dieses Profil stellt sicher, daß jeder Lebenslauf, den Sie verschicken, auf die speziellen Anforderungen der Stelle paßt und daß jeder Ihrer Gesprächspartner in diesem Unternehmen Sie für dieselbe Stelle befragt.

Teil 2

Der erste Schritt

Nachdem Sie das Fundament gelegt haben, sind Sie gerüstet und bereit, sich erfolgreich zu schlagen. Wie beginnen Sie nun?

Welche Möglichkeiten haben Sie? Die Stellenanzeigen lesen, so wie alle anderen? Sich um Stellen bewerben, die beim Arbeitsamt ausgeschrieben sind, so wie alle anderen? Lebensläufe an Firmen schicken, auf die entfernte Möglichkeit hin, daß dort eine Stelle frei ist, für die Sie geeignet sind, so wie alle anderen? Selbstverständlich können Sie auch darauf warten, daß man Sie anruft. Wenn Sie diese Taktiken als Ihre Hauptwaffe im Kampf um die besten Stellen in der Stadt einsetzen, werden Sie scheitern wie *Tausende* anderer, die solchen veralteten Techniken der Stellensuche auf den Leim gehen.

Wenn Sie wie ein Pinguin aussehen, sich wie ein Pinguin verhalten und sich unter Pinguinen verstecken, dann seien Sie nicht überrascht, wenn Sie in der Menge untergehen. Der heutige Arbeitsmarkt erfordert eine andere Vorgehensweise. Ihre Karriere fällt Ihnen nicht in den Schoß; Sie müssen sich umschauen und die Chancen ergreifen. Scheuen Sie sich nicht, bei der Auswahl unter den vielen Stellenangeboten nach einer bewährten Methode vorzugehen: Greifen Sie zum Telefon. »Hallo, Herr Schmidt? Mein Name ist Martin Müller. Ich bin ein versierter Ausbildungsfachmann ...«

So leicht geht das.

Nehmen Sie Ihr Schicksal in die Hand, indem Sie direkt mit Profis sprechen, die ihren Lebensunterhalt auf die gleiche Weise verdienen wie Sie. Wenden Sie nur einige Minuten auf, um mit verschiedenen Unternehmen aus Ihrem Recherchendossier zu telefonieren, und schon haben Sie ein Bewerbungsgespräch in der Tasche. Wenn sich schon aus wenigen Telefonaten ein Bewerbungsgespräch ergibt, wie viele können Sie dann erst vereinbaren, wenn Sie sich einen ganzen Tag lang bemühen?

Weil Sie die Fäden in der Hand halten, ist es möglich, daß Sie Ihre vielen Bewerbungsgespräche eng zusammenlegen. Dadurch verbessert sich von Mal zu Mal Ihr Interviewgeschick. Und statt noch mehr Bewerbungsgespräche zu vereinbaren, können Sie schon bald verschiedene Stellenangebote gegeneinander abwägen.

Kapitel 4

Ködern Sie Ihren Geschäftspartner am Telefon

Bevor Sie das erste, nervenaufreibende Telefonat führen, müssen Sie darauf vorbereitet sein, eines der folgenden drei Ziele zu erreichen, die nach ihrer Priorität geordnet sind:

- Ich möchte ein Treffen vereinbaren; oder:
- Ich möchte eine Zeit vereinbaren, um mich telefonisch weiter zu unterhalten; oder:
- Ich möchte eine Referenz und einen Ansprechpartner für eine vielversprechende Stelle andernorts (s. z. B. S. 66).

Behalten Sie diese Ziele immer im Auge. Nach Abschluß der nächsten vier Kapitel werden Sie in der Lage sein, jedes davon schnell und leicht zu erreichen.

Wie Sie das Telefongespräch planen

Um schon das erste Telefonat zu einem Erfolg zu machen, brauchen Sie lediglich verbal ein überzeugendes Bild von sich zu malen. Für den Anfang erinnern Sie sich an die alte Weisheit: »Niemand hört wirklich zu. Wir warten alle nur darauf, selbst das Wort ergreifen zu können.« Angesichts dessen sollten Sie nicht erwarten, die Aufmerksamkeit eines anderen lange fesseln zu können, deshalb sollte das Porträt, das Sie von sich zeichnen, knapp, aber gründlich sein. Vor allem sollte es spezifisch genug sein, um Interesse zu wecken und den Firmenrepräsentanten aufhorchen zu lassen; jedoch auch unbestimmt genug, um Fragen zu provozieren und Ihr Gegenüber zu veranlassen, *nachzuhaken*. Das Ziel ist es, in groben Zügen eine Darstellung Ihrer Fähigkeiten zu geben und dabei solche Leistungen wie Gewinnsteigerung, Ausgabensenkung oder Zeitgewinn anzuführen, die alle Unternehmen gern hören.

Eine telefonische Vorstellung muß vier Merkmale aufweisen, um erfolgreich zu sein. Diese kann man sich am besten über ein altes Akronym aus der Werbebranche merken, AIDA.

A – Sie müssen die *Aufmerksamkeit* (*attention*) des Unternehmensvertreters auf sich ziehen.
I – Sie müssen das *Interesse* (*interest*) des Unternehmensvertreters wecken.
D – Sie müssen den *Wunsch* (*desire*) erzeugen, mehr über Sie erfahren zu wollen.
A – Sie müssen den Unternehmensvertreter dazu ermuntern, in *Aktion* (*action*) zu treten.

Durch AIDA wird man auf Sie aufmerksam. Das Interesse, das Sie wecken, zeigt sich in Fragen, die man an Sie richtet. »Wie hoch ist Ihr Einkommen?«; oder: »Haben Sie einen akademischen Grad?«; oder: »Wieviel Jahre Berufserfahrung haben Sie?« Indem Sie auf diese und andere Fragen (die später noch im einzelnen erörtert werden) angemessen antworten, werden Sie das Interesse in den Wunsch verwandeln, Sie kennenzulernen, und diesen Wunsch in ein Bewerbungsgespräch münden lassen.

Die Art der Fragen, die man Ihnen stellt, ermöglicht es Ihnen, die speziellen Bedürfnisse der Firma herauszufinden. Damit können Sie das laufende Gespräch auf diese Bedürfnisse abstimmen.

Hier folgen nun die einzelnen Schritte für Ihre Selbstdarstellung nach dem AIDA-Modell:

1. Schritt

Hier beschreiben Sie, wer Sie sind und was Sie tun. Sie zielen darauf ab, die Aufmerksamkeit des Unternehmensvertreters zu wecken und ihn zu bewegen, nicht aufzulegen. Diese Einleitung soll Ihre Berufsbezeichnung und eine kurze, allgemein gehaltene Beschreibung Ihrer Aufgaben und Zuständigkeiten enthalten. Geben Sie eine unspezifische Berufsbezeichnung an, wie in Ihrem Lebenslauf. Denken Sie daran: Mit einer allgemeinen Berufsbezeichnung einen Fuß in die Tür zu bekommen, kann Ihnen die Chance geben, Ihre herausragenden Fähigkeiten zu verkaufen.

Erzählen Sie gerade so viel von sich, daß Sie den Firmenvertreter neugierig machen und ihn dazu veranlassen, Fragen zu stellen. Drücken Sie sich auch hier etwas verschwommen aus. Wenn Sie sich beispielsweise selbst als ›versiert‹ bezeichnen, *muß* der Firmenvertreter versuchen, Ihre Behauptung durch eine Frage näher zu bestimmen: »Wie viel Berufserfahrung haben Sie?« Dadurch erzeugen Sie ein gewisses Grundinteresse. Wenn sie jedoch behaupten, vier Jahre Berufserfahrung zu haben, und die Firma erwartet sieben Jahre, werden Sie wahrscheinlich abgelehnt, ohne überhaupt zu erfahren, daß es eine freie Stelle gab. Geben Sie nie während des ersten Gesprächs Ihre genaue Berufserfahrung oder all ihre Qualifikationen an. Sie beabsichtigen zunächst ja lediglich, einen Dialog in Gang zu bringen. Ein Beispiel:

☎ Guten Morgen, Herr Schmidt. Mein Name ist Gabi Jahn. Ich bin eine erfahrene Verkäuferin von Büroeinrichtungen und kenne mich bei den Büromöbelherstellern sehr gut aus. Haben Sie etwas Zeit für mich?

Anmerkung: Fragen Sie niemals, ob Sie gerade jemanden stören. Sie liefern ihm damit sofort die Entschuldigung, »Ja« zu sagen. Umgekehrt wird Ihre Frage, ob man etwas Zeit für Sie habe, gewöhnlich mit einem ›Ja‹ beantwortet. Dann können Sie gleich zum nächsten Schritt Ihrer Vorstellung übergehen.

2. Schritt

Jetzt sind Sie in der Lage, beim Gesprächspartner Interesse zu wecken und, daran anschließend, den Wunsch zu erzeugen, Sie kennenzulernen. Es ist Zeit, mit einer oder zwei Ihrer Leistungen herauszurücken, die Sie bereits während der Übungen zur Gestaltung des Lebenslaufes erkannt haben sollten. Beschränken Sie sich auf zwei Punkte und schließen Sie diese an ihren Einleitungssatz an. Formulieren Sie kurz und bündig, ohne Ausschmückungen. Beispiel:

☎ Als drittbeste Verkäuferin meiner Firma erhöhte ich den Umsatz in meinem Bereich um 15 Prozent auf mehr als 4 Mio. DM. Im letzten halben Jahr habe ich von der Konkurrenz drei wichtige Kunden abwerben können.

3. Schritt

Sie haben den Unternehmensvertreter dazu gebracht, mehr über Sie wissen zu wollen, also können Sie ihn jetzt dazu bewegen, in Aktion zu treten. Geben Sie den Grund Ihres Anrufs an, und bitten Sie um ein Treffen. Bauen Sie Ihre Rede sorgfältig auf, und schließen Sie mit einer Frage, die eine positive Reaktion auslöst, die in eine praxisbezogene Diskussion zwischen zwei Profis mündet. Beispiel:

☎ Ich rufe deshalb an, Herr Schmidt, weil ich eine neue Herausforderung suche. Und nachdem ich mich über Ihr Unternehmen informiert hatte, hatte ich den Eindruck, man könnte ins Gespräch kommen. Sind das die Fähigkeiten und Leistungen, die Sie von Ihren Mitarbeitern erwarten?

Ihre Vorstellung endet mit einer Frage, die eine positive Reaktion garantiert, und das Gespräch geht weiter.

Formulieren Sie Ihre Vorstellung schriftlich

Ihre Aufgabe besteht nun darin, eine Vorstellung schriftlich zu formulieren, indem Sie diese Richtlinien und Ihre Berufserfahrung verwenden. Genau zu wissen, was Sie sagen werden und erreichen wollen, ist der einzige Weg, mehrere Bewerbungsgespräche und Stellenangebote an Land zu ziehen. Wenn Sie Ihre Vorstellung vorbereitet und niedergeschrieben haben, lesen Sie sie laut vor und stellen Sie sich den anonymen Unternehmensvertreter am anderen Ende der Leitung vor. Üben Sie mit einem Freund oder Ihrem Ehepartner.

Nachdem Sie sich telefonisch vorgestellt haben, beginnt für Sie die richtige Arbeit damit, ein Treffen oder ein weiteres Telefongespräch zu arrangieren oder weiterempfohlen zu werden. Wahrscheinlich wird nach Ihrer anfänglichen Selbstanpreisung am anderen Ende Schweigen herrschen. Haben Sie Geduld. Der Firmenvertreter braucht Zeit, um Ihre Worte zu verdauen. Widerstehen Sie der Versuchung, das Schweigen zu brechen; Sie möchten schließlich weder den Gedankenfluß des anderen unterbrechen, noch den Ball erneut auf Ihrer Seite haben.

Dieses Schweigen kann bis zu 20 Sekunden lang dauern; wenn der Unternehmensvertreter jedoch antwortet, dann nur auf eine der folgenden Arten:

1. Der Unternehmensvertreter stimmt mit Ihnen überein und vereinbart ein Treffen.
2. Der Unternehmensvertreter stellt Fragen, die Interesse signalisieren. Beispiele:
   - Haben Sie einen akademischen Grad?
   - Wie hoch ist Ihr Einkommen?

   Jede Frage ist, da sie auf Interesse hindeutet, bekanntlich ein *Kaufsignal*. Und wenn Sie sie richtig anpacken, wird sie Ihnen ermöglichen, ein Treffen zu arrangieren.
3. Der Unternehmensvertreter erhebt einen Einwand. Beispiele:

- Zur Zeit brauche ich niemanden wie Sie.
- Schicken Sie mir Ihren Lebenslauf.

Auch diese Einwände werden, wenn Sie richtig darauf reagieren, mit einem Bewerbungsgespräch bei dem jeweiligen Unternehmen enden, oder man wird Sie zumindest an jemand anderen verweisen, der offene Stellen hat. Tatsächlich werden Sie oft entdecken, daß Einwände, die sich als unlösbare Probleme verkleiden, sich als einmalige Chancen erweisen.

Ich hoffe, Sie kommen mit der ersten Möglichkeit auch ohne große Hilfe zurecht, weil ich ihr aus naheliegenden Gründen kein eigenes Kapitel widme. Sollte der Unternehmensvertreter sofort mit Ihnen übereinstimmen, können Sie direkt zu Teil 3 meiner Ausführungen übergehen. Die nächsten beiden Kapitel konzentrieren sich auf Kaufsignale, Einwände und Möglichkeiten, wie Sie diese in Bewerbungsgespräche verwandeln können.

Kapitel 5

Wie Sie auf Kaufsignale reagieren sollten

Mit einem leichten Anflug von Nervosität beenden Sie Ihre Vorstellung: »Sind das die Fähigkeiten und Leistungen, die Sie von Ihren Mitarbeitern erwarten?« Am anderen Ende der Leitung herrscht Schweigen. Es wird durch eine Frage unterbrochen. Ihnen fällt ein Stein vom Herzen, weil Sie sich daran erinnern, daß *jede beliebige* Frage Interesse anzeigt und ein *Kaufsignal* ist.

Jetzt ist das Gespräch eine zweiseitige Angelegenheit, und Sie werden am ehesten dann ein Bewerbungsgespräch vereinbaren können, wenn Sie das Gespräch aktiv mitgestalten. Ebenso wie die Fragen des Arbeitgebers Interesse an Ihnen signalisieren, sollte in Ihren Fragen Interesse an der Arbeit des Unternehmens zum Ausdruck kommen. Indem Sie von sich aus im normalen Verlauf dieser Plauderei Fragen stellen, die Sie in der Regel an eine Ihrer Antworten anhängen, bringen Sie das Gespräch voran. Diese Fragen helfen Ihnen auch herauszufinden, welche besonderen Fähigkeiten und Eigenschaften für jeden einzelnen Arbeitgeber wichtig sind. Je neugieriger Sie sind, um so mehr werden Sie über die sich bietende Chance erfahren. Dieses Wissen wird es Ihnen ermöglichen, ein Treffen zu vereinbaren.

Sie haben auch die Möglichkeit, die ganze Befragung dem Arbeitgeber zu überlassen. Das wird Sie in die Defensive drängen, und am Ende des Gesprächs werden Sie über die Einzelheiten der Stelle genausowenig wissen wie am Anfang. Und der Arbeitgeber wird weniger über Sie wissen, als Sie sich vielleicht wünschen.

Indem Sie die Technik anwenden, kurz zu antworten und jede Erwiderung mit einer Frage zu beenden, kommt Ihr Anruf an seinen logischen Schlußpunkt: Ihr Gesprächspartner nennt Ihnen die spezifischen Details der Stelle, worauf Sie dann mit Ihren relevanten Fähigkeiten bzw. Eigenschaften herausrücken. In allen Gesprächen bestimmt derjenige das Ergebnis, der die Fragen stellt. Sie haben dieses Unternehmen angerufen, um mit einem Bewerbungsgespräch den ersten Schritt zu einem Stellenangebot zu machen – nehmen Sie also Ihr Schicksal in die Hand, indem Sie das Gespräch in die Hand nehmen. Beispiel:

Gabi Jahn: Guten Morgen, Herr Schmidt. Mein Name ist Gabi Jahn. Ich bin eine erfahrene Verkäuferin von Büroeinrichtungen und kenne mich in der Büromöbelindustrie sehr gut aus. Haben Sie etwas Zeit für mich?... Als drittbeste Verkäuferin meiner Firma erhöhte ich den Umsatz in meinem Gebiet um 15 Prozent auf mehr als 4 Mio. DM. Im letzten halben Jahr konnte ich drei größere Kunden von der Konkurrenz abwerben. Ich rufe deshalb an, Herr Schmidt, weil ich eine neue Herausforderung suche, und nachdem ich mich über Ihre Firma informiert hatte, habe ich den Eindruck, man könnte ins Gespräch kommen. Sind das die Fähigkeiten und Leistungen, die Sie von Ihren Mitarbeitern erwarten?

(*Pause*)

Herr Schmidt: Ja, genau. Was für Büroeinrichtungen verkaufen Sie denn? (*Kaufsignal!*)

G. J.: Meine Firma führt eine umfangreiche Warenpalette, und ich verkaufe sowohl die Spitzenprodukte als auch das Grundsortiment, je nach den Bedürfnissen meines Kunden. Ich habe ein beträchtliches Kundeninteresse an den neuen, multifunktionalen Geräten festgestellt. (*Sie haben ein Gespräch aufgebaut; Sie halten es in Fluß mit folgender Bemerkung...*) Entspricht das auch Ihren jüngsten Erfahrungen?

Herr S.: Ja, vor allem bei den farb- und acetattauglichen Geräten. (*Eine nützliche Information für Sie.*) Haben Sie einen akademischen Grad? (*Kaufsignal!*)

G. J.: Ja, den habe ich. (*Gerade genug Information, um den Unternehmensvertreter bei der Stange zu halten.*) Soviel ich weiß, bevorzugt Ihre Firma Verkaufspersonal mit Hochschulabschluß, um mit ihren anspruchsvolleren Kunden zu verhandeln. (*Ihre Recherchen zahlen sich aus.*)

Herr S.: Unser Kundenstamm ist sehr anspruchsvoll; man erwartet von uns ein bestimmtes Verhalten und Kompetenz. (*Ein Hinweis darauf, was für eine Person man einstellen will.*) Wieviel Berufserfahrung haben Sie? (*Kaufsignal!*)

G. J.: Nun, ich habe sowohl in der Fertigung als auch im Verkauf gearbeitet, besitze also eine breite Erfahrungsgrundlage. (*Allgemein, aber informativ.*) Wieviel Jahre Berufserfahrung erwarten Sie? (*Gibt den Ball zwar zurück, fördert aber den Dialog.*)

Herr S.: Idealerweise vier oder fünf Jahre für die Stelle, die ich im Sinn habe. (*Noch mehr wertvolle Information.*) Wieviel Jahre haben Sie? (*Kaufsignal!*)

G. S.: Zwei in meiner jetzigen Firma und eineinhalb davor. Ich erfülle Ihre Anforderungen doch optimal, meinen Sie nicht? (*Wie sollte Herr Schmidt nein sagen?*)

Herr S.: Hmm ... Was ist Ihr Einsatzgebiet? (*Kaufsignal!*)

G. S.: Ich bin für den Stadtbereich zuständig. Herr Schmidt, das hört sich für mich wirklich so an, als ob wir einiges zu besprechen hätten. (*Denken Sie daran, Ihr erstes Ziel ist ein persönliches Gespräch.*) Ich beabsichtige, mir Donnerstag und Freitag dieser Woche freizunehmen. Vielleicht können wir uns dann treffen? (*Drängen Sie Herrn Schmidt dazu, Ihnen zu sagen, an welchem Tag er Sie sehen kann, und nicht, ob er Sie überhaupt treffen kann.*) Welcher Tag wäre Ihnen am liebsten?

Herr S.: Wie wär's mit Freitag morgen? Können Sie einen Lebenslauf mitbringen?

Ihr Gespräch sollte nach diesem Dialog-Muster ablaufen. Ihre Fragen zeigen Interesse, bringen das Gespräch voran und geben Ihnen mehr Aufschluß über die Anforderungen des Unternehmens. Am Ende der Unterhaltung haben Sie ein Bewerbungsgespräch vereinbart und mehrere Schlüsselbereiche angesprochen, auf denen Sie aufbauen können, wenn Sie zu dem Treffen gehen:

- das Unternehmen sieht Wachstumsmöglichkeiten bei multifunktionalen Geräten, besonders bei den farb- und acetattauglichen;
- man erwartet geschäftliche und persönliche Gewandtheit;
- man erwartet idealerweise eine vier- bis fünfjährige Berufserfahrung;
- man ist an Ihren städtischen Geschäftsverbindungen interessiert.

Oben ist ein recht einfaches Szenario dargestellt, und obwohl es instruktiv ist, zeigt es Ihnen nicht die trügerischen Signale, die sich auf Ihre Stellensuche verhängnisvoll auswirken können. Es handelt sich dabei *scheinbar* um einfache *Kaufsignale,* in Wirklichkeit jedoch gehören sie zu dem Arsenal des Interviewers an sogenannten ›K.o.-Fragen‹, d. h. Fragen, die Ihrem Gesprächspartner dadurch Zeit sparen können, daß gewisse Kandidaten schnell ausgesondert werden. Auch wenn diese Fragen meistens während des ersten Telefongesprächs gestellt werden, können sie auch plötzlich im persönlichen Gespräch auftauchen. Die Antworttechniken eignen sich für den gesamten Zyklus Ihrer Bewerbungsgespräche.

Anmerkung: Wir alle haben eine unterschiedliche Vorbildung und kommen aus verschiedenen Gegenden. Ich sehe und erkenne diese regionalen Unterschiede täglich in meiner Arbeit als Ausbilder. Haben Sie also Verständnis dafür, daß meine Lösungen zwar richtige Methoden und Reaktionen vorstellen, aber nicht versuchen, die reichen regionalen und persönlichen Gesprächsnuancen zu erfassen. Sie und ich werden nie die gleiche Sprache sprechen. Lernen Sie also die Beispielantworten nicht mechanisch, sondern destillieren Sie das Wesentliche aus den Antworten heraus und feilen Sie so lange daran herum, bis Ihnen die Wörter leicht über die Lippen kommen.

K.o.-Fragen

Kaufsignal: »Wieviel verdienen Sie/möchten Sie verdienen?«

Das ist eine direkte Frage, auf die eine direkte Antwort erwartet wird, aber zugleich ist es eine K.o.-Frage. Wenn Ihr Einkommen zu niedrig oder zu hoch ist, könnte das Ihre Chancen zerstören, bevor man Ihnen die Gelegenheit gibt, sich persönlich hervorzutun. Es gibt eine Reihe von Alternativen, die vorteilhafter sein können als eine direkte Antwort.

- *Signalisieren Sie, daß Geld Nebensache ist.* »Ich suche eine Stelle und eine Firma, wo ich mich zu Hause fühlen kann. Wenn ich die richtige Person für Sie bin, werden Sie mir sicher ein faires Angebot machen. Welchen Gehaltsrahmen hat die Stelle?«
- *Geben Sie eine Marge an.* »So um die 50 000. Am wichtigsten für mich sind die Stelle selbst und die Firma. Welchen Gehaltsrahmen hat die Stelle?«
- Oder Sie setzen die Technik der meisten Verkäufer ein, *eine Frage mit einer Gegenfrage zu beantworten.* »Wie hoch ist die Stelle dotiert?« Es ist manchmal sehr effektiv, eine Frage mit einer Gegenfrage zu beantworten; wenn Sie sich jedoch nicht für einen geborenen Verkäufer halten, müssen Sie sich darin vielleicht vorher üben.

Wenn man Sie ein zweites Mal drängt, eine genaue Summe zu nennen, seien Sie ehrlich und direkt. Sie müssen es sein. Sollte die Summe sich als zu hoch erweisen, dann sagen Sie: »Herr Schmidt, meine früheren Arbeitgeber waren der Ansicht, daß ich diese Summe auf Grund meiner Fähigkeiten, meines Einsatzes und meiner Ehrlichkeit durchaus verdiene. Würden wir uns treffen, könnte ich Ihnen sicherlich meine Kompetenz und meine Fähigkeit beweisen, Ihre Abteilung zu unterstützen. Sie hätten doch sicher gern die Gelegenheit, sich persönlich ein Urteil zu bilden, oder nicht?«

Beachten Sie dieses ›oder nicht‹ am Ende der Antwort. Eine solche rhetorische Frage ist eine ausgezeichnete gesprächsfördernde Technik, weil sie zu einer positiven Reaktion ermutigt. Ein zurückhaltender Gebrauch rhetorischer Fragen kann Ihnen wirklich helfen, Ihre Sache voranzubringen. Achten Sie jedoch auf den Klang Ihrer Stimme. Eine rhetorische Frage kann in angenehmer Weise gesprächsfördernd, aber auch anzüglich und anklagend wirken. Es geht nicht darum, *was* Sie sagen, sondern *wie* Sie es sagen. Solche Fragen sind leicht zu formulieren. Fügen Sie nur »... oder etwa nicht?«, »... richtig?«, »... nicht wahr?«, »... hab' ich recht?«, »... stimmt's?« an das Ende jedes Satzes an, und Ihr Gesprächspartner wird fast immer mit »ja« antworten. Sie haben so den Gesprächsfaden nicht abreißen lassen.

Wiederholen Sie diese rhetorischen Fragen laut für sich. Sie besitzen einen bestimmten Rhythmus, der Ihnen hilft, sich an Sie zu erinnern.

Kaufsignal: »Besitzen Sie einen akademischen Grad?«

Beantworten Sie immer genau die gestellte Frage. Hüten Sie sich davor, nicht gefragte und vielleicht zu viel Informationen zu geben. Wenn Sie beispielsweise über einen Magister-Grad der Universität München verfügen, dann antworten Sie mit »Ja«, nicht mit »Ja, ich habe einen Magister-Grad der Universität München in Kunstgeschichte«.

Vielleicht erwartet das Unternehmen ein Diplom in Architektur. Vielleicht hat der Unternehmensvertreter eine Abneigung gegen Absolventen der Universität München. Sie möchten nicht aus dem Rennen geschickt werden, bevor man Ihnen die Chance gab, sich zu bewähren.

»Ja, ich habe einen akademischen Abschluß. Welche Ausbildung erwarten Sie?«

Sie können eine Frage immer mit einer Gegenfrage beantworten. »Ich habe verschiedene Ausbildungen hinter mir. Was würden Sie sich idealerweise wünschen?«

Wenn ein Abschluß verlangt wird, den Sie nicht haben, dann versuchen Sie es mit einer Antwort nach dem Motto ›die Schule des Lebens‹. Zum Beispiel: »Meine Ausbildung wurde plötzlich durch die Notwendigkeit unterbrochen, in jungen Jahren meinen Lebensunterhalt zu verdienen. Meine früheren Vorgesetzten meinten, daß meine Lebenserfahrung und mein Verantwortungsbewußtsein sehr nützliche Aktivposten für die Abteilung seien. Außerdem bin ich immer noch dabei, mich weiterzubilden.«

Kaufsignal: »Wieviel Berufserfahrung haben Sie?«

Zu viel oder zu wenig könnte Sie schnell aus dem Rennen werfen. Überlegen Sie sich Ihre Antwort sorgfältig, und versuchen Sie, Zeit zu gewinnen. Die Frage ist vage, und Sie haben das Recht, um nähere Erläuterungen zu bitten.

»Könnten Sie mir diese Frage erläutern?«; oder »Meinen Sie die Berufserfahrung insgesamt oder die in gewissen Bereichen?«; oder »Welche Bereiche sind für Sie die wichtigsten?« Wieder beantworten Sie eine Frage mit einer Gegenfrage. Während Sie so Zeit gewinnen, verrät Ihnen die Antwort des Arbeitgebers, worauf es bei der Stelle ankommt und was Sie daher sagen müssen, um sie zu bekommen. Machen Sie sich also im Geist Notizen (Sie können sie sogar aufschreiben, wenn Sie Zeit dazu haben). Geben Sie dann eine angemessene Antwort.

Vielleicht wollen Sie die Kontrolle über das Gespräch dadurch behalten, daß Sie eine andere Frage stellen, z. B.:

»Die Gebiete, auf denen Sie Fachkenntnisse erwarten, hören sich sehr interessant an, und ich habe den Eindruck, daß Sie einige aufregende Projekte laufen haben. An welchen Projekten genau würde ich während der ersten Monate mitarbeiten?«

Nachdem man Ihnen eine oder zwei Kaufsignal-Fragen gestellt hat (außer den oben erwähnten enthalten keine irgendwelche Fallen), sollten Sie um ein Treffen bitten. Wenn Sie einfach fragen: »Würden Sie mich gern treffen?«, gibt es nur zwei mögliche Antworten: ja oder nein. Ihre Alternativen verringern sich beträchtlich. Wenn Sie jedoch andeuten, daß Sie an einem bestimmten Tag oder bestimmten Tagen in der Nähe sind (»Ich werde Donnerstag und Freitag in der Stadt sein, Herr Schmidt. Welcher Tag wäre Ihnen lieber?«), dann haben Sie eine Frage gestellt, die das Gespräch entscheidend voranbringt. Diese Frage stellt den Unternehmensvertreter vor die Wahl, Sie donnerstags oder freitags zu treffen, und erspart ihm die Überlegung, ob er Sie überhaupt treffen soll. Indem Sie ein ›Ja‹ voraussetzen, verringern Sie die Wahrscheinlichkeit, eine abschlägige Antwort zu bekommen, und erhöhen die Wahrscheinlichkeit eines persönlichen Gesprächs.

Kapitel 6

Wie Sie mit Einwänden fertig werden

Auch wenn Sie die überzeugendsten Worte finden sollten, wird das Schweigen vielleicht nicht durch ein Kaufsignal, sondern durch einen Einwand unterbrochen. Ein Einwand ist gewöhnlich eine Behauptung, keine Frage: »Schicken Sie mir doch Ihren Lebenslauf«; oder: »Ich habe keine Zeit, Sie zu treffen«; oder: »Ich brauche im Moment niemanden wie Sie.«

Damit scheint man Ihnen eine Abfuhr erteilen zu wollen, aber fast alle Einwände können, wenn sie nur richtig angepackt werden, doch noch zu einem Bewerbungsgespräch führen. Häufig sind sie lediglich verkappte Chancen. Da dieser Abschnitt Ihnen beibringt, erfolgreich verborgene Chancen zu ergreifen, achten Sie darauf, in welcher Weise Ihre Antworten Kaufsignalen gleichen: Sie enden beide mit einer Frage – einer Frage, die es Ihnen ermöglicht, mehr über den Grund des Einwandes zu erfahren, ihn zu entkräften und erneut auf ein persönliches Gespräch zu kommen.

Wenn Sie sich mit Einwänden auseinandersetzen müssen, gewinnen Sie, wie bei Meinungsverschiedenheiten, nichts durch Konfrontation, aber sehr viel dadurch, daß Sie den Standpunkt des anderen anerkennen. Mit den meisten Einwänden, die Sie zu hören bekommen, werden Sie am besten dadurch fertig, daß Sie zuerst Ihr Verständnis für den Standpunkt des anderen zum Ausdruck bringen. Beginnen Sie Ihre Antwort immer mit: »Ich verstehe« oder: »Ich kann Ihren Standpunkt nachvollziehen« oder: »Ich verstehe Ihr Argument« oder: »Selbstverständlich«, dem Sie ein »Jedoch ...« oder »Berücksichtigen Sie auch ...«

oder eine ähnliche Wendung folgen lassen, die die Unterhaltung voranbringt.

Denken Sie daran, daß Sie diese Antworten nicht lernen sollten, um sie stur zu wiederholen. Sie müssen lediglich ihren Sinn verstehen und anwenden, die Konzeption begreifen und die Antworten in Ihre eigenen Worte fassen. Passen Sie alle Vorschläge Ihrer Persönlichkeit und Ihrem Redestil an.

Einwand: »Schicken Sie mir doch Ihren Lebenslauf.«

Aufgepaßt! Als erster Schritt des Bewerbungsvorgangs mag der Unternehmensvertreter ernsthaft an Ihrem Lebenslauf interessiert sein, es kann aber auch eine höfliche Art sein, Sie abzuwimmeln. Sie sollten herausfinden, was der wahre Grund ist, ohne Widerstand hervorzurufen. Zugleich möchten Sie das Gespräch entkrampfen. Eine gute Antwort wäre: »Selbstverständlich, Herr Schmidt. Würden Sie mir Ihre genaue Dienstbezeichnung und Ihre vollständige Adresse nennen?... Vielen Dank. Damit ich sicher sein kann, daß meine Qualifikationen Ihren Anforderungen entsprechen, wüßte ich gern, welche Fähigkeiten Sie für diese Stelle erwarten.«

Beachten Sie die Schritte:

- Sie signalisieren zunächst Zustimmung;
- Sie demonstrieren Respekt;
- am Ende stellen Sie eine Frage, um das Gespräch zu steuern.

Wenn Sie auf diese Art antworten, werden Sie das Gespräch entkrampfen. Unser hypothetischer Herr Schmidt wird Ihnen jetzt die für ihn wichtigen Aspekte der Stelle aufzählen. Mit diesem Wissen können Sie Herrn Schmidt Ihre Fähigkeiten am Telefon schmackhaft machen. Außerdem werden Sie in der Lage sein, in Zukunft Ihre Fähigkeiten auf diesen speziellen Gebieten herauszustellen, und zwar in:

- anschließenden Gesprächen;
- dem Begleitbrief zu Ihrem Lebenslauf;
- dem positionsspezifischen Leistungsprofil;
- Ihrem persönlichen Gespräch;
- Ihrer Nachbereitung dieses Gesprächs.

Die Informationen, die Sie in Erfahrung bringen, versetzen Sie in eine Position der Stärke und erhöhen Ihre Chancen, ein Stellenangebot zu bekommen.

Einwand: »Ich habe keine Zeit, Sie zu treffen.«

Wenn der Arbeitgeber zu viel zu tun hat, um mit Ihnen persönlich zu sprechen, hat er ein Problem, und wenn Sie das erkennen, können Sie sich vielleicht als derjenige präsentieren, der die Lösung hat. Sie sollten jedoch der Konfrontation aus dem Wege gehen. Es ist wichtig, Ihrem Gesprächspartner zu zeigen, daß Sie sich in seine Lage versetzen können. Stimmen Sie ihm zu, fühlen Sie sich in ihn ein, und stellen Sie eine Frage, die das Gespräch voranbringt.

»Ich kann mir vorstellen, daß Sie sehr beschäftigt sein müssen. Das hört sich nach einer Arbeitsatmosphäre an, in der ich gut arbeiten könnte. Vielleicht könnte ich Sie zu einer günstigeren Zeit zurückrufen. Wann haben Sie weniger zu tun, morgens oder nachmittags?«

Der Unternehmensvertreter wird sich entweder die Zeit nehmen, jetzt mit Ihnen zu sprechen, oder er wird einen Zeitpunkt nennen, an dem es für sie beide günstiger ist, sich weiter zu unterhalten.

Hier nun drei andere Formulierungen, wie Sie auf den gleichen Einwand erwidern können: »Da Sie so viel zu tun haben, sagen Sie mir doch, welche Tageszeit Ihnen am liebsten wäre. Ganz früh morgens? Oder ist der Nachmittag eine ruhigere Zeit?«; oder: »Ich werde morgen in Ihrer Nähe sein; würde es sich da nicht anbieten, vorbeizukommen und Sie aufzusuchen?«

Sie können natürlich auch die beiden kombinieren:

»Ich werde morgen in Ihrer Nähe sein, und ich könnte vorbeischauen und mit Ihnen sprechen. Haben Sie morgens oder abends am wenigsten zu tun?« Indem Sie die Einladung zu einem Treffen als gegeben voraussetzen, machen Sie es für Ihren Gesprächspartner schwerer, etwas dagegen einzuwenden. Und wenn er *wirklich* keine Zeit hat, wird Ihr Vorschlag es ihm sogar noch schwerer machen, etwas dagegen einzuwenden.

Einwand: »Ihr Gehalt ist zu hoch.«

Sie hätten Ihr Gehalt überhaupt nicht zur Sprache bringen sollen. Kommen Sie gleich zur Sache. Wenn der Käufer dieses Problem aufwirft, ist das ein Kaufsignal, das im letzten Kapitel erörtert wurde. Wenn die Position tatsächlich zu gering dotiert ist, sind Sie zumindest um eine Erfahrung reicher. Gehen Sie verfrühten Auseinandersetzungen über das Gehalt aus dem Wege. Wie Sie sich erfolgreich aus dieser scheinbaren Sackgasse befreien, wird im nächsten Kapitel behandelt.

Einwand: »Wir befördern nur intern.«

Sie könnten so antworten: »Ich bin mir darüber im klaren, Herr Schmidt. Ihre Mitarbeiterförderung ist einer der Hauptgründe, warum ich bei Ihnen einsteigen will! Ich bin intelligent, gewissenhaft und brauche ein Unternehmen wie Ihres. Worauf legen Sie wert, wenn Sie neue, externe Mitarbeiter einstellen?«

Die Antwort endet mit einer Frage, die das Gespräch voranbringen und Ihnen erneut Gelegenheit geben soll, sich zu verkaufen. Beachten Sie, daß Ihre Antwort voraussetzt, das Unternehmen stelle neue, externe Mitarbeiter ein, obwohl der Unternehmensvertreter das Gegenteil zu verstehen gab. Sie haben ihn gezwungen, Farbe zu bekennen, aber auf professionelle und friedfertige Weise.

Einwand: »Sie müssen sich an die Personalabteilung wenden.«

Sie antworten: »Selbstverständlich, Herr Schmidt. An wen in der Personalabteilung soll ich mich wenden, und welche Stelle genau soll ich ansprechen?«

Mit dieser Antwort kommen Sie ein gutes Stück weiter. Sie finden heraus, ob es eine offene Stelle gibt, oder ob man Sie an die Personalabteilung abwimmelt, um deren und Ihre Zeit zu vergeuden. Außerdem bringen Sie das Gespräch voran und haben das Blatt zu Ihren Gunsten gewendet. Denken Sie sich eine spezifisch stellenbezogene Frage aus, während der Unternehmensvertreter Ihre erste Frage beantwortet. Sie kann Ihnen einen fruchtbaren Weg eröffnen, den Sie weiterverfolgen sollten. Wenn Sie eine unspezifische Antwort bekommen, bohren Sie etwas tiefer. Eine einfache Redewendung wie: »Das ist interessant, erzählen Sie mir bitte mehr darüber«; oder: »Wie kommt das?« wird gewöhnlich den Zweck erfüllen.

Sie können auch fragen: »Wenn ich mit der Personalabteilung spreche, geht es dann um eine bestimmte Stelle in *Ihrer* Abteilung oder um eine Stelle, die möglicherweise anderswo im Unternehmen zu besetzen ist?«

Mit dieser Information gerüstet, können Sie mit der Personalabteilung über Ihr Gespräch mit Herrn Schmidt sprechen. Denken Sie daran, sich den Namen einer bestimmten Person geben zu lassen, an die Sie sich wenden, und daran, dabei Ihren früheren Gesprächspartner zu erwähnen. Beispiel:

»Guten Morgen, Herr Wilhelm. Herr Schmidt, der Bezirksvertriebsleiter, hat vorgeschlagen, wir sollten miteinander sprechen, um ein Bewerbungsgespräch zu vereinbaren.«

Auf diese Weise zeigen Sie den Leuten in der Personalabteilung, daß Sie *keine* Zeitvergeudung für sie darstellen. Da Sie jemanden in der Firma kennen, wird man Sie nicht zu den Hunderten von Blindanrufern zählen, die sich täglich melden. Da die Personalabteilung die Abteilung mit der größten Überlastung und Unterbesetzung in einer Firma ist, wird man das zu schätzen wissen. Entscheidend ist jedoch: Sie profilieren sich, und man wird auf Sie aufmerksam.

Betrachten Sie die Personalabteilung nicht als Hindernis; sie birgt vielleicht eine Menge Chancen für Sie. Weil ein großes Unternehmen unter Umständen viele verschiedene Abteilungen hat, die etwas mit Ihren Fähigkeiten anfangen können, ist die Personalabteilung wahrscheinlich die einzige, die alle offenen Stellen kennt. So sind Sie vielleicht in der Lage, mit demselben Unternehmen drei oder vier Bewerbungsgespräche für drei oder vier offene Stellen zu vereinbaren!

Einwand: »Ich suche eigentlich jemanden mit einem akademischen Abschluß.«

Darauf könnten Sie erwidern: »Herr Schmidt, ich verstehe Ihren Standpunkt. Ich mußte schon in jungen Jahren anfangen, meinen Lebensunterhalt selbst zu verdienen. Wenn wir uns persönlich treffen, würden Sie sicherlich den Wert meiner zusätzlichen praktischen Berufserfahrung erkennen. Eine kurze Begegnung würde schon genügen; ich werde morgen und nächste Woche in Ihrer Nähe sein. Wann würde es Ihnen passen?«

Wenn das nicht funktioniert, fragen Sie, welche Politik das Unternehmen praktiziert, um Mitarbeiter dazu zu ermuntern und dabei zu unterstützen, Abendkurse und Fortbildungsveranstaltungen etc. zu besuchen.

Einwand: »Im Augenblick brauche ich niemanden wie Sie.«

Abgesehen von der Empfehlung, der Arbeitgeber möge jemanden feuern, um für *Sie* Platz zu schaffen, sind die Chancen, bei diesem Unternehmen ein Bewerbungsgespräch zu ergattern, gering. Aber mit der richtigen Frage wird diese Person Sie mit jemandem bekannt machen, der

Ihre Talente vielleicht gebrauchen kann. Wie man diese richtige Frage bzw. Serie von Fragen stellt, ist eine Sache des ›*networking*‹ (Aufbau eines Kontaktnetzes), dem Thema des nächsten Kapitels. Dort, wo die Techniken zur Beantwortung von Kaufsignalen und zur Entkräftung von Einwänden zu keinem Bewerbungsgespräch führen, werden sie mit den Tips zum Thema ›Wie Sie aus einer Abfuhr Kapital schlagen‹ sicherlich Erfolg haben.

Kapitel 7

Wie Sie aus einer Abfuhr Kapital schlagen

Es wird Ihnen gelegentlich passieren, daß Sie am Telefon alles richtig gemacht haben, aber dennoch hören: »Ich brauche im Augenblick niemanden wie Sie.« Nicht jede Firma hat eine offene Stelle für Sie, noch sind Sie für jede Stelle der Richtige. Es wird Zeiten geben, in denen Sie einen vorübergehenden Rückschlag hinnehmen und begreifen müssen, daß diese Ablehnung sich nicht auf Sie als Mensch bezieht. Indem Sie andere Fragen zur Anbahnung eines Bewerbungsgesprächs stellen, werden Sie doch noch ans Ziel kommen.

Ihr Gesprächspartner ist ein Profi, der andere Profis auf seinem Gebiet, in anderen Abteilungen, Tochtergesellschaften, ja sogar anderen Unternehmen kennt. Wenn Sie es verstehen, sich am Telefon als Profi zu präsentieren, wird er sich als Kollege darüber freuen, Sie an einen Bekannten zu verweisen, der jemanden mit Ihren Fähigkeiten sucht. Fast jeder, den Sie anrufen, wird Ihnen gern den richtigen Weg zeigen, *aber nur, wenn Sie danach fragen!* Und Sie können so viel fragen, wie Sie wollen, weil man Sie als einen Kollegen anerkennt, der das Netz professioneller Kontakte klug zu nutzen versteht. Ihr Gesprächspartner weiß auch, daß sich der Freund bei jenem anderen Unternehmen, an das er Sie verweist, für den Gefallen in Zukunft revanchieren wird. Und im allgemeinen ziehen Unternehmen diese Art, Bewerber vermittelt zu bekommen, allen anderen Verfahren vor.

Aber erwarten Sie *nicht,* daß der Unternehmensvertreter ein Hellseher ist. Es gibt zwei Maximen:

»Sie erfahren nur das, wonach Sie fragen«;

und:

»Wenn Sie nicht fragen, erfahren Sie auch nichts.«

Wenn Sie sicher sind, daß Ihr Gesprächspartner keine offenen Stellen hat, stellen Sie eine der folgenden Fragen:

- Wer sonst in Ihrem Unternehmen könnte jemanden mit meinen Qualifikationen gebrauchen?
- Hat Ihr Unternehmen andere Abteilungen oder Tochtergesellschaften, die vielleicht jemanden mit meinen Fähigkeiten gebrauchen können?
- Kennen Sie jemanden, der mir einen Tip geben könnte?
- Welche Firmen in dieser Gegend wachsen am schnellsten?
- An wen sollte ich mich dort wenden?
- Kennen Sie jemanden im Unternehmen X?
- Wann erwarten Sie, daß in Ihrem Unternehmen eine Stelle frei wird?
- Planen Sie eine Unternehmenserweiterung oder neue Projekte, die eine freie Stelle schaffen könnten?
- Ist eine Veränderung Ihres Mitarbeiterbedarfs abzusehen?

Jede dieser Fragen zur Anbahnung eines Bewerbungsgesprächs kann Ihnen eine neue Chance eröffnen oder näherbringen. Die Fragen sind in keiner Weise nach ihrer Wichtigkeit geordnet. Das zu tun ist Ihre Aufgabe. Nehmen Sie ein Blatt Papier, und entscheiden Sie, nachdem Sie die Liste betrachtet haben, welche Frage Sie stellen würden, wenn Sie nur für eine Frage Zeit hätten. Schreiben Sie sie auf. Tun Sie das gleiche mit den verbleibenden Fragen auf der Liste. So werden Sie eine recht gute Auflistung der Fragen nach Ihrer Priorität erhalten. Fügen Sie eigene Fragen hinzu. Es kann beispielsweise sein, daß das Computermodell oder Textverarbeitungssystem, das ein Unternehmen hat, für einige Branchen wichtig ist, für andere jedoch nicht, und der Unternehmensvertreter wird Sie vielleicht an Firmen verweisen können, die mit den Ihnen vertrauten Geräten arbeiten. Jede Frage, die Sie der Liste hinzufügen, sollte spezifisch sein und auf eine freie Stelle abzielen. Vermeiden Sie Fragen wie »Wie läuft das Geschäft so heutzutage?« Zeit ist kostbar, und Zeit ist Geld für Sie beide. Wenn Sie mit Ihrer Liste zur Anbahnung eines Bewerbungsgesprächs zufrieden sind, schreiben Sie sie auf ein neues Blatt Papier und verwahren Sie dieses sorgsam mit Ihrem Manuskript der telefonischen Vorstellung und dem Lebenslauf.

Diese Fragen verschaffen Ihnen Zugang zu einer beträchtlichen Anzahl von Stellen auf dem verborgenen Stellenmarkt. Sie bekommen Tips von Insidern, die wissen, wer wen einstellt, lange bevor diese Neuigkeiten allgemein bekannt werden. Dadurch knüpfen Sie ein sehr wirkungsvolles Netz von Kontakten.

Wenn man Ihnen den Tip gibt, sich an Unternehmen oder bestimmte Personen zu wenden, versäumen Sie es nicht, Ihrem Wohltäter zu danken, und fragen Sie, ob Sie seinen Namen als Referenz angeben können. Sie werden sehen, daß die Antwort immer ›Ja‹ ist. Aber Fragen zeigt, daß Sie wissen, was sich gehört, und *das allein* wird Sie schon aus der Masse herausheben. Sie können Ihrer Kontaktperson vielleicht auch vorschlagen, ihr Ihre eigene Telefonnummer zu geben, für den Fall, daß sie zufällig jemanden trifft, der sie gebrauchen kann. Sie werden überrascht sein, wie viele Leute sich bei Ihnen mit einem Tip melden.

Mit der persönlichen Erlaubnis, beim nächsten Kontakttelefonat den Namen einer bestimmten Person zu erwähnen, hat man Ihnen das größte Geschenk gemacht, das einem Stellensuchenden zuteil werden kann: eine persönliche Referenz. In diesen Fällen beginnen Sie Ihren Anruf wie folgt:

☎ Guten Tag, Herr Schmidt. Mein Name ist Peter Müller. Frank Zimmer empfahl mir, Sie anzurufen. Er läßt Sie übrigens grüßen. (*Pause für eine mögliche Antwort.*)

Er dachte, wir könnten vielleicht ein nützliches Gespräch miteinander führen.

Gehen Sie jedem Tip nach, den Sie bekommen. Zu viele Leute werden euphorisch, wenn sie einmal ein Bewerbungsgespräch in der Tasche haben, und sie geben sich dann keinerlei Mühe mehr, zusätzliche Bewerbungsgespräche zu organisieren, da sie glauben, man unterbreite ihnen definitiv ein Stellenangebot. Ihr Ziel muß es jedoch sein, zwischen den besten Stellen wählen zu können, und ohne mehrere Bewerbungsgespräche werden Sie keine solche Wahl haben. Indem Sie Fragen zur Anbahnung eines Bewerbungsgesprächs stellen, gewährleisten Sie, daß Sie alle geheimen Winkel des verborgenen Stellenmarktes aufspüren.

Kontakte zu knüpfen ist ein stetiger Kreislauf:

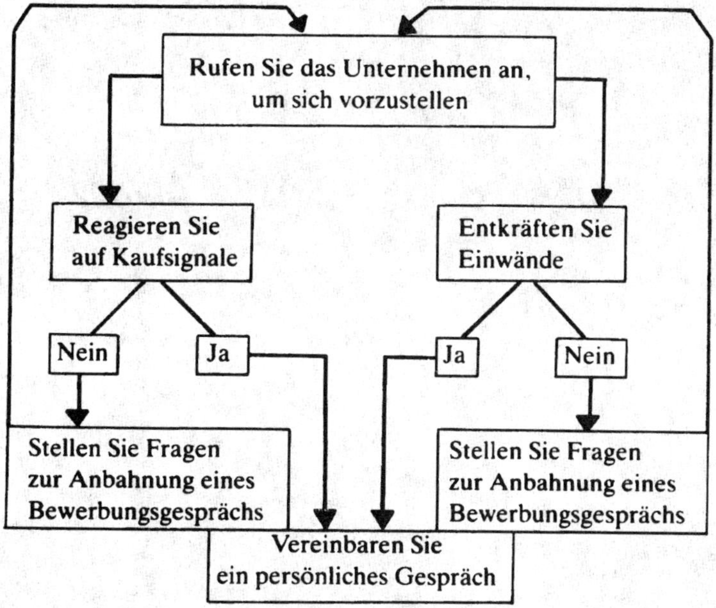

Nehmen Sie sich fest vor, sich zu verkaufen, Telefonanrufe zu machen, ein Netz von Kontakten aufzubauen und Kaufsignale und Einwände als das zu erkennen, was sie wirklich sind – Chancen, sich zu profilieren. Es muß Ihnen auch in Fleisch und Blut übergehen, in jeder scheinbaren Sackgasse Fragen zur Anbahnung eines Bewerbungsgesprächs zu stellen: Sie werden sich dadurch jede offene Stelle im weiteren Umkreis erschließen.

Kapitel 8

Das telefonische Bewerbungsgespräch

In unserem glorreichen technologischen Zeitalter findet der erste Kontakt mit einem potentiellen Arbeitgeber immer per Telefon statt. Auf diese Weise macht man heutzutage Geschäfte.

Das geschieht auf eine der folgenden drei Arten:

- Sie knüpfen telefonisch Kontakte, und der Unternehmensvertreter beginnt sofort, Sie zu prüfen, weil Sie sein Interesse geweckt haben;
- infolge eines Lebenslaufs, den Sie verschickt haben, ruft ein Unternehmen unerwartet an und trifft Sie unvorbereitet; oder
- Sie haben eine bestimmte Zeit für ein telefonisches Bewerbungsgespräch vereinbart.

Wie auch immer dieses telefonische Bewerbungsgespräch zustande gekommen ist, Sie müssen darauf vorbereitet sein, die Befragung zu bewältigen und jedes Ihnen zur Verfügung stehende Mittel einzusetzen, um an das eigentliche Ziel heranzukommen: das *persönliche* Gespräch. Das telefonische Bewerbungsgespräch ist das Ausscheidungsrennen dafür und somit eine Chance, die nicht verpatzt werden darf; Ihr Glück und Ihr Wohlstand hängen vielleicht davon ab.

Dieser erste Kontakt mit Ihrem zukünftigen Arbeitgeber zeigt, wie gut Sie geistig gerüstet sind. Denken Sie daran: Sie können Ihrem Geist jeden beliebigen Gedanken, Plan, Wunsch, jede Strategie oder Absicht einpflanzen und sie Wirklichkeit werden lassen. Schreiben Sie Ihre Ziele auf, und lesen Sie sie sich jeden Tag laut vor, weil sich Ihre

Absichten durch die ständige Wiederholung herauskristallisieren, und das bildet die solideste Grundlage der Vorbereitung.

Die Vorbereitung auf ein telefonisches Bewerbungsgespräch erfordert Organisation. Haben Sie erst einmal Kontakte geknüpft, wissen Sie nie, wann eine Firma Sie anrufen wird (die Nachricht verbreitet sich erst allmählich), obwohl das gewöhnlich zu den schlechtesten Zeiten sein wird, wie Montag morgens 8 Uhr, wenn Sie lange schlafen, oder 16.56 Uhr, gerade, wenn Sie Ihren Hund ausgeführt haben. Sie können es vermeiden, *völlig* überrumpelt zu werden, wenn Sie Ihren Lebenslauf und Ihre alphabetisch geordneten Firmendossiers neben dem Telefon aufbewahren.

Der wichtigste (und oft sträflich vernachlässigte) Punkt, an den Sie denken müssen, ist folgender: Während des Gesprächs kann der Unternehmensvertreter sich nur anhand Ihrer Stimme ein Urteil über Sie bilden. Daraus müssen Sie das Beste machen. Hier einige Tips:

❑ *Seien Sie bei einem überraschenden Telefonanruf ganz ungezwungen.* Wenn man Sie aufgrund eines Lebenslaufes, den Sie verschickt haben, oder einer telefonischen Nachricht, die Sie hinterlassen haben, anruft, und Sie unvorbereitet sind, bleiben Sie ganz ruhig. Geben Sie sich selbstbewußt, freundlich und gefaßt.

☎ Vielen Dank für Ihren Anruf, Herr Schmidt. Würden Sie bitte einen Augenblick warten, bis ich die Tür geschlossen habe?

Legen Sie den Telefonhörer hin, atmen Sie dreimal tief durch, um Ihr Herz zu beruhigen, ziehen Sie das passende Firmendossier und Ihren Lebenslauf heraus, setzen Sie ein Lächeln auf (das verschönert den Klang Ihrer Stimme), und nehmen Sie den Telefonhörer wieder in die Hand. Jetzt haben Sie sich und die Situation im Griff.

- *Überlassen Sie es weitgehend dem Unternehmensvertreter, zu sprechen und Fragen zu stellen.*

- *Hüten Sie sich vor Ja-/Nein-Antworten.* Sie vermitteln keine wirkliche Information über Ihre Fähigkeiten.
- *Antworten Sie sachlich.* Kurz, aber gründlich.
- *Seien Sie ein konstruktiver Gesprächspartner.* Lassen Sie nicht *nur* den anderen sprechen. Stellen Sie von sich aus einige Fragen.
- *Sprechen Sie direkt ins Telefon.* Halten Sie die Sprechmuschel ungefähr 3 cm von Ihrem Mund entfernt. Rauchen und essen Sie nicht am Telefon. Zu den mystischen Eigenschaften des Telefons gehört seine ausgezeichnete Fähigkeit, Hintergrundmusik und -stimmen (besonders von Kindern) aufzuschnappen und zu verstärken. Das wird nur noch von der Perfektion übertroffen, mit der es die Geräusche von gekauter Nahrung oder eingeatmetem bzw. ausgestoßenem Rauch übermittelt. Raucher sollten daran denken: Es gibt keine Gesetze gegen die Diskriminierung von Rauchern, und deshalb diskriminieren alle Nichtraucher die Raucher von Natur aus. Die Nichtraucher wissen genau, daß Sie auch dann, wenn Sie beim Bewerbungsgespräch selbst nicht rauchen, vorher eine Zigarette nach der anderen geraucht haben, und der Geruch haftet Ihnen an, solange Sie in der Nähe von Nichtrauchern sind. Sie werden Ihnen daher nicht einmal die Chance geben, einen Fuß in ihr Zimmer zu setzen.
- *Machen Sie sich Notizen.* Sie sind für Sie von unschätzbarem Wert bei der Vorbereitung des persönlichen Gesprächs.

Wenn der Unternehmensvertreter aus irgendeinem Grund gestört wird, notieren Sie sich das angeschnittene Gesprächsthema. Wenn er wieder am Apparat ist, geben Sie eine kurze, hilfreiche Rekapitulation: »Wir haben gerade über ... gesprochen.« Das wird man zu schätzen wissen, und Sie werden sich dadurch von den anderen abheben.

Der Unternehmensvertreter spricht vielleicht über die Organisation, und da Sie das Dossier vor sich liegen haben, wissen Sie auch über organisatorische Einzelheiten Bescheid. Eine kleine Schmeichelei zeitigt große Wirkungen: Bewundern Sie die Leistungen des Unternehmens, und Sie bewundern in Wirklichkeit den Interviewer. Auch wenn irgendwelche gemeinsamen Interessengebiete zur Sprache kommen, sollten Sie sich dazu äußern und dem Interviewer möglichst zustimmen. Man stellt solche Personen ein, die einem ähnlich sind.

Wenn der Interviewer Ihnen keine Möglichkeit gibt, sich zu verkaufen, müssen Sie in der Lage sein, die Situation zu retten und zu Ihrem Vorteil zu wenden. Warten Sie mit ein paar arbeitsbezogenen Fragen auf (z. B.: »Was sind die drei wichtigsten Verantwortungsbereiche dieser Position?«; oder: »Würde ich einen PC benutzen?«). Während man Sie darüber aufklärt, warten Sie auf eine Pause, um dem Interviewer Ihre geeigneten Fähigkeiten zu vermitteln: »Wäre es nützlich, Ihnen meine Erfahrung auf dem Gebiet der Büroorganisation zu beschreiben?«; oder: »Dann dürften meine Kenntnisse in der Textverarbeitung eine große Hilfe für Sie sein.« Sie sollten jedoch unter keinen Umständen nach dem Gehalt, das Sie wünschen bzw. nach Sozialleistungen und Urlaub fragen. Das kommt später.

Denken Sie daran, daß es in dieser Phase Ihr einziges Ziel ist, sich und Ihre Fähigkeiten zu verkaufen. Wenn Sie das nicht tun, kommt es vielleicht nie zu einem persönlichen Bewerbungsgespräch.

Das telefonische Bewerbungsgespräch geht zu Ende, wenn man Sie fragt, ob Sie noch irgendwelche Fragen haben. Scheuen Sie vor keiner Frage zurück, die Ihr Verständnis der Stellenanforderungen erhöht. Wenn Sie nicht schon zuvor gefragt haben, an welchen Projekten Sie im ersten halben Jahr mitarbeiten würden, dann sollten Sie es jetzt tun. Dadurch haben Sie vor dem persönlichen Gespräch Zeit, Ihre Kenntnisse bedarfsgerecht zu verpacken und ein passendes positionsspezifisches Leistungsprofil zu erstellen.

Und wenn Sie noch nicht gefragt haben oder gebeten wurden, zu einem persönlichen Gespräch zu kommen, jetzt ist der richtige Zeitpunkt da. Ergreifen Sie die Initiative.

»Das hört sich nach einer sehr interessanten Arbeit an, Herr Schmidt, und nach einer Aufgabe, zu der ich eindeutig etwas beisteuern kann. Meine dringlichste Frage im Moment lautet, wann können wir uns treffen?« (*Anmerkung:* Auch wenn bisher immer besonders Wert darauf gelegt wurde, daß Sie alles in Ihre eigenen Worten fassen, gebrauchen Sie die Wendung ›etwas beisteuern‹. Sie zeigt, daß Sie stolz auf Ihre Arbeit sind – ein zentrales Persönlichkeitsmerkmal.)

Wenn die Einzelheiten geklärt sind, schließen Sie mit folgender Bitte: »Falls ich irgendwelche zusätzlichen Informationen vor dem Bewerbungsgespräch brauche, würde ich mich gerne noch einmal bei Ihnen melden.« Der Unternehmensvertreter wird spontan einverstanden sein. Ganz gleich, wie viele Fragen bei Ihrem ersten Gespräch beantwortet werden, etwas vergessen Sie immer. Das ermöglicht es Ihnen, wieder anzurufen, um eine etwaige Unklarheit zu klären und auch Ihre persönliche Beziehung zu verbessern. Machen Sie davon jedoch nicht übermäßigen Gebrauch. Einen gut plazierten Telefonanruf, der zwei oder drei wohlerwogene Fragen enthält, weiß man zu schätzen, vier oder fünf Anrufe jedoch nicht.

Wenn Sie sich Mühe geben, die korrekte Orthographie und Aussprache des Interviewernamens zu ermitteln, dann zeigt sich darin Ihr Interesse an den kleinen, aber wichtigen Dingen im Leben: Man wird das garantiert vermerken. Das ist auch eine gute Gelegenheit, herauszufinden, von welchen Personen Sie sonst noch befragt werden, welche Positionen diese bekleiden und wieviel Zeit dafür anberaumt ist. Erkundigen Sie sich beiläufig, in welche Richtung das Gespräch gehen wird.

»Würden Sie mir einige der kritischen Bereiche nennen, die wir am Donnerstag erörtern?« könnten Sie vielleicht fragen. Die gewonnenen Erkenntnisse werden Ihnen ein gutes Stück weiterhelfen, sich bedarfsgerecht zu verkaufen, und Ihnen Zeit geben, schwache oder rostige Stellen aufzupolieren.

Es ist schwierig, eine Chance über Telefon zu beurteilen. Auch wenn es nicht die richtige Stelle zu sein scheint, gehen Sie trotzdem zu dem Bewerbungsgespräch. Das ist eine gute Übung für Sie, und die Stelle erscheint Ihnen vielleicht attraktiver, wenn Sie mehr darüber wissen. Unter Umständen entdecken Sie sogar eine geeignetere Stelle, wenn Sie zu dem persönlichen Gespräch gehen.

Kapitel 9

Der Vorhang hebt sich

Die Garderoberäume eines Theaters: Die Aufforderung »Bitte an Ihre Plätze!« erfolgt fünf Minuten, bevor sich der Vorhang hebt. Das ist das Signal für die Schauspieler, sich innerlich vorzubereiten, letzte Hand an die Kostüme zu legen und sich zu beeilen, auf die Bühne zu kommen. Sie machen sich fertig, um auf der Bühne das letzte aus sich herauszuholen. Sie sollten einen ähnlichen Prozeß durchmachen.

Eine bestimmte Stelle angeboten zu bekommen, hängt nicht nur davon ab, ob man Kompetenzen hat, sondern auch davon, ob man keine Inkompetenzen hat. Wenn der Gesprächstermin näher rückt, widmen Sie sich noch einmal in aller Ruhe Ihrem Lebenslauf und den Übungen, die Sie bei seiner Abfassung machten. Vergegenwärtigen Sie sich Ihre vergangenen Erfolge und Stärken. Jetzt ist der Moment, sich mit Selbstvertrauen aufzupumpen. Ein bißchen Nervosität ist natürlich und gesund, aber kanalisieren Sie die zusätzliche Energie in eine positive Richtung, indem Sie mit Ihren körperlichen und geistigen Vorbereitungen beginnen. Zuerst sollten Sie Ihr gesamtes Rüstzeug für das Bewerbungsgespräch zusammenstellen. Dazu gehören:

- ❑ *Das Firmendossier.*
- ❑ *Zwei bis drei Kopien Ihres Lebenslaufs, von denen eine für den Interviewer bestimmt ist.* Es ist völlig in Ordnung, eine Kopie beim Bewerbungsgespräch vor sich liegen zu haben; das zeigt, daß Sie vorbereitet sind. Sie dient auch als großer Spickzettel (schließlich verwendet der Interviewer sie für den gleichen Zweck) und

kann mit einem Block und einem Bleistift während des Bewerbungsgesprächs auf Ihrem Schoß liegen. Es ist nicht ungewöhnlich zu hören: »Herrn Meier wurde keine Stelle angeboten, weil er Details keine Beachtung schenkte und sich nicht einmal an seine Beschäftigungsdaten erinnern konnte.« Gerade das sind die Dinge, die Sie wahrscheinlich im Eifer des Gefechts vergessen.

- ❑ *Ein Notizblock und Schreibutensilien.* Diese Artikel haben einen doppelten Zweck. Sie zeigen, daß Sie vorbereitet und an der Stelle interessiert sind, und sie ermöglichen Ihnen, während des Bewerbungsgesprächs etwas Konstruktives mit Ihren Händen zu tun. Bringen Sie auch einen blauen oder schwarzen Kugelschreiber mit, um Formulare auszufüllen.
- ❑ *Telefonnummern zur Kontaktaufnahme.* Falls Sie auf dem Weg zum Bewerbungsgespräch aufgehalten werden, können Sie anrufen und dem Unternehmensvertreter Bescheid sagen.
- ❑ *Sammeln Sie für alle Fälle Empfehlungsschreiben Ihrer früheren Arbeitgeber.*
- ❑ *Eine Liste mit arbeitsplatzbezogenen Fragen.* Das Bewerbungsgespräch ist die richtige Zeit, um Informationen zu sammeln, mit denen Sie eine Stelle bewerten (die wirkliche Bewertung kommt, wenn Ihnen ein Angebot gemacht wird). Am Ende des Gesprächs wird man Ihnen Gelegenheit geben, zusätzliche Fragen zu stellen. Denken Sie sich solche Fragen aus, die Ihnen helfen, den Rahmen und die Möglichkeiten der Stelle zu verstehen. Sie können fragen:

  - Warum ist die Stelle frei?
  - Welche Aufstiegschancen gibt es?
  - In welcher Beziehung steht sie zu anderen Abteilungen?
  - Welchen Beitrag leistet die Stelle und die Abteilung zu den Unternehmenszielen?

Jetzt haben Sie noch etwas Arbeit zu tun:

- ❑ *Sammeln Sie jede verfügbare zusätzliche Information über das Unternehmen oder die Stelle.* Wenn die Zeit es erlaubt, bitten Sie die Sekretärin des Gesprächsleiters, Ihnen einige Unternehmensbroschüren zuzuschicken. Nehmen Sie soviel Information auf, wie Sie können.
- ❑ *Informieren Sie sich über die Verkehrsverbindungen zu Ihrem Gesprächsort.* Entscheiden Sie sich für ein Beförderungsmittel, und setzen Sie Ihre Abfahrtszeit fest. Überprüfen Sie Strecke, Entfernung und Fahrtzeit. Notieren Sie alles fein säuberlich, und nehmen Sie es zu Ihren übrigen Gesprächsunterlagen. Wenn Sie vergessen, Datum, Ort und Zeit noch einmal zu überprüfen, dann werden Sie womöglich nicht einmal am richtigen Ort bzw. am richtigen Tag zu Ihrem Bewerbungsgespräch erscheinen.

Ihr persönliches Erscheinungsbild

Der erste Eindruck, den Sie vermitteln, ist der nachhaltigste, und der hängt von Ihrem Äußeren ab. Es gibt nur eine Art, sich für das erste Zusammentreffen zu kleiden: gepflegt und konservativ. Ob Sie sich selbst so sehen oder nicht, ist im Augenblick unwichtig; Ihre einzige Sorge ist, wie die anderen Sie sehen. Da man Sie binnen einer Frist von knapp zwei Stunden bitten könnte, zu einem Bewerbungsgespräch zu erscheinen, müssen Sie ständig bereit sein. Sorgen Sie dafür, daß Ihre beiden besten Anzüge bzw. Kostüme immer frisch gereinigt, die Hemden gebügelt und die Schuhe geputzt sind. Ziehen Sie diese Kleidungsstücke nur dann an, wenn Sie zu einem Bewerbungsgespräch gehen. Hier sind einige weitere Tips:

- Unabhängig von Ihrem Geschlecht oder Ihrer Frisur sollten Sie einmal im Monat zum Friseur gehen.

- So wenig Schmuck als möglich. Ein Trau- oder Siegelring ist selbstverständlich akzeptabel.
- Eine Dusche oder ein Bad vor einem Bewerbungsgespräch ist höchst wünschenswert, die Verwendung von Aftershave oder Parfüm jedoch entschieden nicht. Es geht um eine Stelle, nicht um ein Rendezvous.
- Sie sollten am Tag vor dem Bewerbungsgespräch nie Alkohol trinken. Das beeinträchtigt Augen, Haut und Ihren Kopf.
- Die Fingernägel sollten immer geschnitten und gepflegt sein, auch wenn Sie mit den Händen arbeiten.

Für Frauen:

- Tragen Sie ein Kostüm bzw. ein Kleid mit einer Jacke. Ziehen Sie keinen Hosenanzug bzw. Jeans an.
- Wenn Sie eine Aktentasche tragen, dann tragen Sie nicht auch noch eine Handtasche. Sie werden vielleicht mehreren Personen vorgestellt werden und Mühe haben, mit Ihrem Gepäck zu jonglieren, um Hände zu schütteln.
- Tragen Sie niedrige Absätze. Pfennigabsätze machen Sie wacklig, und viele halten sie am Arbeitsplatz für unpassend.
- Vermeiden Sie Leinen; es knittert zu schnell.
- Verzichten Sie auf alles Tiefausgeschnittene, Enge oder Durchsichtige.

Für Männer:

- Vermeiden Sie grelle Farben und alles, was einmal modisch war...
- ... wie buntschillernde Krawatten. Eine 5 bis 6 cm breite Krawatte ist *ein Muß.* Sie sollte ein dezentes Muster haben oder aus Seide sein. Vermeiden Sie alles, was breiter ist, es sei denn, Sie bewerben sich um eine Stelle als Teppichverkäufer.

- In erster Linie Blau oder Grau für Anzüge. Weiße Hemden sind immer am sichersten.

Die Art und Weise, wie Sie sich kleiden und wie Sie einen potentiellen Arbeitgeber beim ersten Bewerbungsgespräch anschauen, sagt ihm, wie wohl Sie sich in Ihrer Haut fühlen. Es zeigt auch, wie ernst Sie das Bewerbungsgespräch und den Interviewer nehmen.

Die Ankunft

Zu früh zu einem Bewerbungsgespräch zu erscheinen, läßt auf Überängstlichkeit schließen, zu spät zu kommen ist taktlos. Die einzig vernünftige Lösung ist es, pünktlich beim Gespräch, doch früher an Ort und Stelle zu sein. Das gibt Ihnen Zeit, die Toilette aufzusuchen und Ihrem Äußeren den letzten Schliff zu geben. Nehmen Sie sich an diesem vorübergehenden Zufluchtsort einige Minuten Zeit, um Ihre letzten geistigen Vorbereitungen zu treffen:

- Gehen Sie nochmals das Firmendossier durch.
- Rufen Sie sich die positiven Dinge ins Gedächtnis, die Sie über Ihre früheren Arbeitgeber erzählen wollen.
- Atmen Sie einige Minuten lang tief und langsam durch. Das wird Ihre körperliche Anspannung lösen.
- Sagen Sie sich, daß das Gespräch ein Erfolg werden wird und Ihre Gesprächspartner sich anschließend fragen werden, wie sie überhaupt ohne Sie zurechtgekommen sind.
- Lächeln Sie, und begeben Sie sich zu dem Gespräch.

Machen Sie auf keinen Fall einen Rückzieher, weil Ihnen der Empfangsangestellte oder das Aussehen des Büros mißfällt; lassen Sie nicht zu, daß das Lampenfieber Sie völlig übermannt. Sobald man Sie in das Büro hineingeleitet hat, hat Ihr Auftritt begonnen!

Ihr möglicher neuer Arbeitgeber wünscht sich einen energischen und dynamischen Angestellten, der aber weniger energisch und dynamisch ist als er selbst, überlassen Sie also dem Interviewer die Initiative.

Was Sie tun sollten:

- Schütteln Sie die Hand kräftig; einmal reicht.
- Nehmen Sie Blickkontakt auf, und lächeln Sie. Sagen Sie: »Guten Tag, Herr Schmidt. Ich bin Franz Müller. Ich freue mich, Sie kennenzulernen.«

Was Sie nicht tun sollten:

- rauchen (auch wenn man es Ihnen gestattet);
- sich hinsetzen (bevor man Sie dazu auffordert);
- Angst oder Langeweile zeigen;
- auf Ihre Uhr schauen;
- Gleichberechtigung, Sexualität, Religion und Alter thematisieren;
- Proben Ihrer Arbeit vorlegen (außer, man bittet Sie darum); nach Sozialleistungen, Gehalt und Urlaub fragen;
- eine unterwürfige Rolle einnehmen. Behandeln Sie den Interviewer mit Respekt, aber als Gleichgestellten.

Nun sind Sie auf alles vorbereitet. Außer auf die überraschenden Fragen, mit denen Sie als nächstes konfrontiert werden.

Teil 3

Überzeugende Antworten auf überraschende Fragen

»Als ob es um Leben oder Tod ginge« – so sehen viele das Bewerbungsgespräch. Sie haben vermutlich recht. Mit dem Interviewer als Richter und Geschworenem geht es zumindest um Ihren Lebensunterhalt. Deshalb müssen Sie den Grundstock für eine erfolgreiche Verteidigung legen. F. Lee Bailey, Amerikas gefeierter Strafverteidiger, schreibt seinen Erfolg im Gerichtssaal seiner Vorbereitung zu. Er vergleicht sich mit einem Zauberkünstler, der mit 50 Hasen im Hut den Saal betritt, und da er nicht weiß, welchen er tatsächlich brauchen wird, ist er darauf vorbereitet, jeden beliebigen herauszuziehen. Bailey ist erfolgreich, weil er für jede Eventualität gerüstet ist. Er nimmt sich Zeit, um jede Situation und jede mögliche Alternative zu analysieren. Er unterschätzt nie die Gegenpartei. Er ist immer vorbereitet. F. Lee Bailey gewinnt meistens.

Ein anderer berühmter Anwalt, Louis Nizer, verteidigte alle seiner über 50 Mandanten, die eines Schwerverbrechens angeklagt waren, mit Erfolg. Als man ihn zum größten Star des Gerichtssaals seiner Zeit erklärte, wies er dieses Lob zurück. Er nahm für sich nur die Auszeichnung in Anspruch, *am besten vorbereitet* zu sein.

Sie werden vor Gericht keinen Erfolg haben, wenn Sie sich nur auf Ihre Fähigkeiten verlassen. Um sich gegen die scharfe Konkurrenz durchzusetzen, müssen Sie mehr bieten als nur Ihre Verdienste. Wenn das Feld dicht besetzt ist, wird der letztendliche Gewinner häufig aufgrund einer im Vergleich zu seinen Mitbewerbern relativ geringen Zahl negativer Eigenschaften ausgewählt. Wie Bailey und Nizer können auch Sie sich beweisen, daß derjenige Erfolg hat, der am besten vorbereitet ist.

Während eines Bewerbungsgesprächs stellen Ihnen die

Arbeitgeber Dutzende eindringlicher Fragen: Fragen, die Ihr Selbstbewußtsein, Ihre Ausgeglichenheit und erwünschte Persönlichkeitsmerkmale betreffen. Fragen, die Sie mit einem Trick dazu bringen, sich selbst zu widersprechen, und Fragen, die Ihr schnelles Denken und Ihre Fachkompetenz testen. Sie sind alle so konzipiert, daß der Interviewer Entscheidungen in vier kritischen Bereichen treffen kann:

- Sind Sie der Arbeit gewachsen?
- Passen Sie ins Unternehmens-Image?
- Werden Sie Ihrer Abteilung nützen oder schaden?
- Stimmt das Geld?

Beachten Sie, daß nur einer der kritischen Bereiche etwas mit Ihrer fachlichen Kompetenz zu tun hat. Der Arbeit gewachsen zu sein, ist nur ein kleiner Schritt auf dem Weg zu einem Stellenangebot. Ob Sie in das Unternehmen passen oder eine Bereicherung darstellen, ist für den Interviewer genauso wichtig. Die Persönlichkeitsmerkmale, nach denen die Unternehmensvertreter während des Bewerbungsgesprächs suchen, kennzeichnen zugleich eine Person, die sich – einmal eingestellt – beruflich weiterentwickelt. Die Unternehmen suchen aktiv nach gewissen Merkmalen, von denen einige nicht durch eine direkte Frage bzw. Antwort ermittelt werden können. Folglich wird der Interviewer nach einem Muster in Ihren Antworten forschen, das auf diese Merkmale schließen läßt.

Die ›Gerichtsverhandlung‹ über Ihren Lebensunterhalt birgt vier tödliche Fallen in sich:

- nicht auf die Frage zu hören;
- den Interviewer zu ärgern, indem Sie auf eine nicht gestellte Frage antworten;
- überflüssige Informationen zu liefern (antworten Sie kurz, genau und treffend!);
- zu versuchen, das Bewerbungsgespräch unvorbereitet zu führen.

Diese groben Fehler summieren sich in ihrer Wirkung, und jeder verringert Ihre Chancen, ein Stellenangebot zu erhalten.

Die Anzahl von Angeboten, die Sie während Ihrer Suche nach dem idealen Arbeitsplatz an Land ziehen, hängt von Ihrer Fähigkeit ab, eine schwindelerregende Serie von Fragen so zu beantworten, daß Sie dem Arbeitgeber wirklich Aufschluß geben: »Warum möchten Sie hier arbeiten?«; oder: »Welches sind Ihre größten Leistungen?«; oder: »Wie lange wird es dauern, bis Sie voll einsteigen können?«; oder: »Warum sollte ich gerade Sie einstellen?«; oder: »Was können Sie, das ein anderer nicht kann?«; oder: »Was ist Ihre größte Schwäche?«; oder: »Warum ist Ihr Gehalt nicht höher?«; oder: »Was interessiert Sie an dieser Arbeit am wenigsten?« – dies sind nur einige der Fragen, die man Ihnen stellen wird.

Die Beispielantworten in den folgenden Kapiteln kommen aus allen Arbeitsplatzbereichen. Auch wenn die Beispielantwort vielleicht aus dem Mund eines Verwaltungsfachmannes stammt – und Sie ein Verkäufer sind – wird Ihnen der gemeinsame Nenner aller Arbeitsaufgaben, insofern Sie zum Unternehmenserfolg beitragen, helfen, eine Parallele zu *Ihrer* Stelle zu ziehen.

Sie werden auch merken, daß jede Beispielantwort Ihnen eine kleine, aber nützliche Lektion in gutem Geschäftsgebaren erteilt – etwas, das Sie sowohl einsetzen können, um die Stelle zu bekommen, als auch, um einen guten Eindruck zu machen, wenn Sie bereits eingestellt worden sind.

Und denken Sie daran, daß die in den folgenden Kapiteln gegebenen Antworten nicht wortwörtlich wiederholt werden sollten. Sie haben Ihren *eigenen* Redestil (ganz zu schweigen von Ihrer eigenen Berufserfahrung); versuchen Sie also, die Antworten in Ihre *eigenen* Worte zu fassen.

Kapitel 10

Wie Sie sich erfolgreich schlagen

Können Sie alle genannten Fragen auf Anhieb beantworten? Können Sie es in einer Weise tun, die Sie vor den anderen Stellenbewerbern auszeichnet? Ich zweifle daran, denn sie wurden ja gerade dazu *konzipiert,* Sie unvorbereitet zu treffen. Aber das wird nicht mehr möglich sein, nachdem Sie dieses Buch gelesen haben.

Selbst wenn Sie einige Fragen beantworten könnten, wäre das nicht genug, um Ihren Sieg sicherzustellen: Der Arbeitgeber erwartet auch bestimmte, nicht recht greifbare Stärken. Denken Sie für einen Augenblick an Ihren letzten Arbeitsplatz. Können Sie sich an einen Kollegen mit weniger Kompetenz, weniger Professionalität und weniger Einsatzfreude erinnern, der es dennoch irgendwie fertigbrachte, sich in eine Ihnen übergeordnete Position zu bringen? Diese Person war dazu nur in der Lage, weil sie eine Reihe von Persönlichkeitsmerkmalen klug hervorkehrte, die generell von allen erfolgreichen Unternehmen gesucht werden. Wenn Sie diese zentralen Merkmale in Ihre Antworten auf die Fragen des Interviewers einbauen, werden Sie jede Stelle bekommen und die Voraussetzungen für Ihren beruflichen Aufstieg in der neuen Firma schaffen.

Es gibt 20 zentrale Persönlichkeitsmerkmale. Sie sind der Schlüssel zu Ihrem Erfolg im Bewerbungsgespräch. Verwenden Sie sie als Anhaltspunkt, wenn Sie Ihre Antworten auf die Fragen dieses Kapitels auf sich zuschneiden.

Persönlichkeitsprofil

Der Interviewer sucht nach Schlüsseln zu Ihrem Persönlichkeitsprofil, um festzustellen, was für ein Mensch Sie *wirklich* sind. Das Vorhandensein solcher Schlüssel in Ihren Antworten verrät dem Unternehmensvertreter, wie Sie mit sich und Ihrem gewählten Beruf zufrieden sind und wie gut man mit Ihnen zusammenarbeiten kann. Nur wenige dieser Schlüssel ergeben sich aus direkten Fragen. Ihr zukünftiger Arbeitgeber wird in Ihren Antworten auf spezifische Fragen nach Ihrer Arbeitsleistung danach suchen. Folgende Aspekte sollten Sie als Teil Ihres erfolgreichen und soliden Persönlichkeitsprofils zur Geltung bringen:

- *Antrieb:* Der Wunsch, etwas zuwege zu bringen. Zielorientiert.
- *Motivation:* Begeisterung und die Bereitschaft, Fragen zu stellen. Ein Unternehmen geht davon aus, daß eine motivierte Person zusätzliche Herausforderungen annimmt und eine gewisse Mehrleistung erbringt.
- *Kommunikative Kompetenz:* Die Fähigkeit, mit Leuten auf allen Ebenen eines Unternehmens mündlich und schriftlich zu kommunizieren, ist mehr denn je ein Schlüssel zum Erfolg.
- *Naturell:* Der Unternehmensvertreter sucht nach einer Person, die nicht aus der Fassung zu bringen ist, freundlich, selbstsicher, aber nicht aufgeblasen ist, mit anderen zurechtkommt; kurz, nach jemandem, der Mannschaftsgeist besitzt.
- *Energie:* Jemand, der sich im großen wie im kleinen immer extra Mühe gibt.
- *Entschlossenheit:* Jemand, der nicht kneift, wenn's brenzlig wird.
- *Selbstvertrauen:* Keine Prahlerei. Gelassenheit. Freundlich, ehrlich und offen gegenüber allen Mitarbeitern, ob Vorgesetzten oder Untergebenen. Weder eingeschüchtert durch die hohen Tiere, noch übermäßig vertraulich.

Professionelles Profil

Alle Unternehmen suchen Mitarbeiter, die ihren Beruf und ihren Arbeitgeber achten. Wenn Sie die folgenden fachlichen Eigenschaften zeigen, wird man Sie als loyal, zuverlässig und vertrauenswürdig einstufen:

- *Zuverlässigkeit:* Sie bleiben von sich aus am Ball, verlassen sich auf niemand anderen, um zu gewährleisten, daß die Arbeit gut gemacht wird, und halten das Management über jeden Schritt auf dem laufenden.
- *Ehrlichkeit/Integrität:* Sie übernehmen die Verantwortung sowohl für Ihre richtigen als auch für Ihre falschen Handlungen. Sie orientieren sich bei Ihren Entscheidungen immer an den obersten Interessen des Unternehmens, nie an einer Laune oder persönlichen Vorliebe.
- *Stolz:* Sie sind stolz auf gute Arbeit. Sie gehen immer einen Schritt weiter, um sicherzustellen, daß die Arbeit nach besten Kräften erledigt wird. Sie achten auf Einzelheiten.
- *Einsatzbereitschaft:* Sie erbringen, was immer an Zeit und Mühe aufgebracht werden muß, um ein Projekt termingerecht zum Abschluß zu bringen.
- *Analytische Fähigkeiten:* Sie können Für und Wider gegeneinander abwägen. Sie stürzen sich nicht auf die erstbeste Lösung, die sich von selbst anbietet, und wägen die kurz- und langfristigen Vorteile einer Lösung gegen all ihre möglichen negativen Auswirkungen ab.
- *Zuhören können:* Sie bemühen sich, zuzuhören und zu verstehen, statt darauf zu warten, selbst wieder reden zu können.

Leistungsprofil

Ich habe oben schon erwähnt, daß Unternehmen ganz begrenzte Interessen verfolgen: Geld zu verdienen, Geld zu sparen (das ist dasselbe) und Zeit zu gewinnen, wodurch man beides erreicht. Die Darstellung Ihres Leistungsprofils – so unspektakulär es auch sein mag – ist der Schlüssel, mit dem Sie sich eine Stelle sichern.

- *Gespartes Geld:* Jeder Pfennig, den Sie durch Ihr Nachdenken und Ihre Tüchtigkeit einsparten, ist ein Pfennig, den Sie für das Unternehmen verdienten.
- *Gewonnene Zeit:* Jeder Augenblick, den Sie durch Ihr Nachdenken und Ihre Tüchtigkeit gewannen, ermöglichte Ihrem Unternehmen, Geld zu sparen und in der zusätzlich verfügbaren Zeit mehr zu produzieren. Doppelter Bonus.
- *Verdientes Geld:* Gewinne zu machen, ist das Ziel jedes Unternehmens.

Arbeitsprofil

Ihr Arbeitsprofil darzustellen ist dann wichtig, wenn Sie keine Methoden anführen können, mit denen Sie für frühere Arbeitgeber Geld verdient, gespart oder Zeit gewonnen haben. Diese Schlüssel zeigen, daß Sie immer nach Mitwirkungsmöglichkeiten Ausschau halten und daß Sie Ihren Chef über eine sich bietende Gelegenheit unterrichten.

- *Effizienz:* Achten Sie immer auf die Vergeudung von Zeit, Mühe, Ressourcen und Geld.
- *Sparsamkeit:* Die meisten Probleme haben zwei Lösungen: eine teure und eine, die das Unternehmen lieber realisieren würde.
- *Verfahrensregeln:* Verfahrensregeln sind dazu da, das Unternehmen gewinnträchtig zu halten. Weichen Sie nicht davon ab. Das bedeutet auch, Ihren Chef auf dem laufenden zu halten. Sie informieren Ihren Chef, und nicht dessen Vorgesetzten, über Probleme oder gute Einfälle. Beachten Sie die Befehlshierarchie. Führen Sie nicht Ihre eigenen, ›verbesserten‹ Verfahrensregeln ein und bringen Sie auch nicht andere dazu, das zu tun.

- *Gewinn:* Alle obengenannten Eigenschaften werden in der Wirtschaftswelt so bewundert, weil sie den Gewinn beeinflussen.

Betonen Sie, daß Ihre Qualifikationen den Stellenanforderungen entsprechen

Da Ihnen beim Bewerbungsgespräch die Stellenanforderungen unterbreitet werden, antworten Sie Punkt für Punkt mit Ihren passenden Qualifikationen. Wenn Ihre Berufserfahrung begrenzt ist, betonen Sie die zentralen Merkmale Ihres Profils, Ihre relevanten Interessen und Ihren Wunsch dazuzulernen. Wenn Sie nur in einem ganz bestimmten Bereich Schwächen haben, schweigen Sie; vielleicht kommt man darauf gar nicht zu sprechen. Wenn dieser Bereich ausgeleuchtet wird, sollten Sie mit dieser Schwäche umzugehen und sie zu meistern wissen, indem Sie ergänzende Fähigkeiten hervorheben, die die Schwäche kompensieren.

Zeigen Sie sich nicht entmutigt, wenn das Bewerbungsgespräch schlecht zu laufen scheint. Sie gewinnen nichts, wenn Sie sich geschlagen geben, und es könnte ja lediglich eine Interviewtaktik sein, um Ihr Selbstvertrauen zu testen.

Wenn Sie aus irgendeinem Grund nervös werden oder unkonzentriert, dann lassen Sie sich in Mimik und Körperhaltung davon nichts anmerken. Gewinnen Sie Zeit, um Ihre Gedanken zu ordnen, indem Sie fragen: »Würden Sie mir das erklären?«; oder: »Würden Sie das wiederholen?«; oder: »Das ist eine gute Frage. Ich möchte sichergehen, daß ich sie richtig verstehe. Würden Sie mir das bitte nochmals erläutern?«

Die Fragen

Jetzt ist es für Sie an der Zeit, die Fragen unter die Lupe zu nehmen. Benutzen Sie die Beispiele und Erläuterungen, um Antworten zu formulieren, die Ihre Vorbildung und Ihre Fähigkeiten in ein positives Licht setzen.

❑ *Was sind die Gründe für Ihren Erfolg in diesem Beruf?*

Mit dieser Frage zielt der Interviewer nicht auf Beispiele für Ihren Erfolg – er möchte vielmehr wissen, was Sie motiviert. Antworten Sie kurz, allgemein und sachbezogen. Wenn Sie Ihre Berufserfahrung schildern, geben Sie ihr eine persönliche Note und verwenden Sie Wertschlüssel aus Ihrem Persönlichkeits-, professionellen und Arbeitsprofil. Zum Beispiel: »Ich führe meinen Erfolg auf drei Gründe zurück: die Unterstützung, die mir immer von Mitarbeitern zuteil wurde und die mich immer dazu ermunterte, kooperativ zu sein und meine spezielle Arbeit unter dem Blickwinkel der übergeordneten Abteilungsziele zu sehen. Deshalb bin ich sehr stolz auf meine Arbeit und meinen Beitrag zur Leistung der Abteilung. Schließlich, denke ich, birgt jede Arbeit gewisse Probleme, und während es immer eine teure Lösung gibt, gibt es gewöhnlich auch eine wirtschaftliche Lösung, ob nun in bezug auf Zeit oder Geld.«

❑ *Wie sieht Ihre Leistungskurve aus? Beschreiben Sie einen typischen Tag.*

Sie müssen zeigen, daß Sie Ihre Zeit gut ausnützen, daß Sie viel davon halten, Ihren Tag im voraus zu planen, und daß Sie am Ende des Tages Ihre eigene Leistung überprüfen, um sicherzustellen, daß Sie die gesteckten Ziele erreichen. Sie sollten Ihr Leistungsniveau gut verkaufen. Ihre Antwort könnte z. B. folgendermaßen enden: »Wenn Feierabend ist und ich eigentlich schon gehen könnte, habe ich es mir zur Regel gemacht, noch einen Brief zu schreiben (einen weiteren Anruf zu erledigen) und meinen Schreibtisch für den nächsten Tag aufzuräumen.«

- *Warum möchten Sie ausgerechnet hier arbeiten?*

Um diese Frage zu beantworten, müssen Sie über das Unternehmen recherchiert und ein Dossier angelegt haben. Ihre Recherchen von Kapitel 1 werden jetzt belohnt. Sie sollten darauf mit den Merkmalen des Unternehmens antworten, so, wie Sie sie sehen. Krönen Sie ihre Antwort, indem Sie auf Ihre Überzeugung hinweisen, daß eine stabile und freundliche Arbeitsatmosphäre Sie erwarte – das Unternehmen des Interviewers genieße diesen Ruf –, die Sie zu Höchstleistungen ansporne.

»Mir geht es nicht nur um einen Gehaltsscheck. Meine Arbeit macht mir Spaß, und ich bin stolz auf meinen Beruf. Ihr Unternehmen erzeugt ein hochwertiges Produkt. Wir haben dadurch, glaube ich, einiges gemeinsam, und das bedeutet auch, daß ich gut in Ihr Team passen würde.«

- *Welche praktische Erfahrung bringen Sie für diese Stelle mit?*

Das ist eine einmalige Gelegenheit für Sie, sich gut zu verkaufen, aber zuvor sollten Sie wissen, worauf der Interviewer am meisten Wert legt. Er sucht nicht nur einen kompetenten Ingenieur, eine versierte Schreibkraft oder einen tüchtigen Verkäufer, sondern eine Person, die schnell an laufenden Projekten mitwirken kann. Beim Bewerbungsgespräch geben Unternehmen immer jedem Kandidaten eine breite Definition der Arbeit, aber die Person, die sie einstellen, soll ein Problemlöser sein, der an den spezifischen Projekten schon im ersten halben Jahr mitarbeiten kann. Nur durch Fragen können Sie jene Bereiche herausfinden, die für den Interviewer von größter Dringlichkeit und daher von größtem Interesse sind.

Wenn Sie die Projekte, an denen Sie im ersten halben Jahr mitwirken werden, nicht kennen, müssen Sie danach fragen. Nüchternheit und analytische Fähigkeiten werden geschätzt, und Sie werden damit die Fragen automatisch angemessener beantworten. Ein Unternehmen etwa, das mit dem Problem von Zeitverlusten zu kämpfen hat, schätzt vielleicht folgende Antwort: »Meine Vorkenntnisse in der Hochgeschwindigkeitsverspannung und meine Vertrautheit mit Ihren Geräten werden es mir ermöglichen, schnell voll einzusteigen. Ich weiß, wie wichtig Termine, Lieferpläne und der schnelle Versand der Produkte sind. Da ich schließlich immer Wirtschaftlichkeit und Gewinn berücksichtigt habe, blieb die Zahl der Beanstandungen verschwindend gering.«

❑ *Sind Sie bereit, dorthin zu gehen, wo das Unternehmen Sie hinschickt?*

Unglücklicherweise bringt Sie diese Frage unweigerlich in eine Zwickmühle. Was steckt *wirklich* hinter dieser Frage? Erwartet man, daß Sie umziehen, oder geht es nur um Geschäftsreisen? Wenn sie einfach »Nein« antworten, wird man Ihnen die Stelle nicht anbieten, wenn Sie aber »Ja« antworten, könnte es sein, daß Sie in Hintertupfingen landen. Suchen Sie also Zeit zu gewinnen und fragen Sie: »Sprechen Sie von Geschäftsreisen, oder siedelt das Unternehmen um?« Letzten Endes sollte Ihre Antwort »Ja« sein. Sie müssen die Stelle ja nicht annehmen, aber ohne ein Angebot stellt sich die Frage erst gar nicht. Bei einem Bewerbungsgespräch geht es nur darum, daß Sie sich gut verkaufen und ein Stellenangebot ergattern. Denken Sie immer daran: Nur wenn Sie ein Angebot bekommen, können Sie eine Entscheidung treffen.

❑ *Was gefiel, was mißfiel Ihnen an Ihrer letzten Tätigkeit?*

Die meisten Bewerbungsgespräche beginnen damit, daß der Interviewer einige einleitende Worte über das Unternehmen sagt. Passen Sie auf: Diese Information hilft Ihnen, die Frage zu beantworten. Tatsächlich können Sie jede Aussage des Interviewers zur Stelle oder zum Unternehmen zu Ihrem Vorteil verwenden.

Sie antworten also, daß Ihnen alles an Ihrer letzten Tätigkeit gefiel. Sie können unter Umständen sogar sagen, erst Ihre letzte Stelle habe Ihnen die Bedeutung gewisser Schlüsselfaktoren des Arbeits-, Leistungs- und professionellen Profils klargemacht. Wenn Sie einen früheren Arbeitgeber kritisieren, ist das ein Warnzeichen, daß Sie vielleicht ein Problemfall sind. Niemand an Bord sucht absichtlich Ärger, und das steckt hinter der Frage. Antworten Sie kurz und bestimmt. Es ist Ihnen nur eine negative Bemerkung über Ihre früheren Arbeitgeber erlaubt, und nur dann, wenn Ihr Interviewer einen speziellen Wunsch für seine Abteilung oder für das Unternehmen hat; wenn dem so ist, werden Sie es auf Ihrem Notizblock vermerkt haben. In diesem Fall ist das einzige, was Ihr früherer Arbeitgeber Ihnen nicht bieten konnte beispielsweise folgendes: »Die Möglichkeit, in verschiedenen Bereichen in kleineren Gruppen wie hier bei Ihnen stärker mitzuarbeiten. Mir gefiel wirklich alles an der Arbeit. Ich will weggehen, weil ich eine Stelle finden möchte, bei der ich eine größere Mitwirkungsmöglichkeit habe. Wissen Sie, ich arbeite für ein großes Unternehmen, das eine zunehmende fachliche Spezialisierung begünstigt. Die größere Überschaubarkeit hier bei Ihnen erlaubt mir, wie ich bereits sagte, mich in verschiedenen Bereichen weitaus stärker zu engagieren.« Erzählen Sie ihnen, was sie hören wollen und worauf sie anspringen.

Bei einem Bewerbungsgespräch in einem Großunternehmen drehen Sie die ganze Sache natürlich um. »Ich arbeite für eine kleine Firma, und mir bleibt keine Zeit, mich auf ein oder zwei größere Bereiche zu spezialisieren...« Dann versuchen Sie wieder den speziellen Wunsch des Interviewers zu erfüllen.

❏ *Welche Fortschritte haben Sie Ihrer Meinung nach bis heute gemacht?*

Diese Frage zielt nicht nur darauf ab, Ihre Fortschritte einzuschätzen, sondern sie bewertet auch Ihre Selbstachtung (Schlüsselfaktoren des Persönlichkeitsprofils). Geben Sie sich sicher, aber vermitteln Sie nicht den Eindruck,

Sie hätten schon alles aus sich herausgeholt. Überzeugen Sie den Interviewer, daß Sie jeden Tag als eine Gelegenheit betrachten, zu lernen und sich zu engagieren, und daß das Umfeld in seinem Unternehmen Ihre Leistungsbereitschaft sicherlich noch fördern wird.

»Im Rahmen meiner Stelle habe ich ausgezeichnete Fortschritte gemacht. Ich beherrsche meine Arbeit und weiß um die Bedeutung, die ihr im betrieblichen Ablauf zukommt. Ich glaube, ich bin gerade dabei, den Punkt meiner beruflichen Laufbahn zu erreichen, an dem ich bedeutende Leistungen erbringen kann.«

❑ *Wie lange würden Sie bei uns bleiben?*

Der Interviewer denkt vielleicht daran, Ihnen eine Stelle anzubieten. Also müssen Sie ihn dazu ermuntern, Ihnen die Stelle schmackhaft zu machen. Bei einer raffinierten Frage wie dieser sollten Sie Ihre Antwort mit einer eigenen Frage beenden, die den Schwarzen Peter an den Interviewer zurückgibt. Sie können etwa so antworten: »Ich würde wirklich gerne dauerhaft bei Ihnen bleiben. Anleitung ist mir willkommen, und Lernen macht mir Spaß. Solange ich beruflich weiterkomme, gibt es für mich keinen Grund weiterzuziehen. Wie lange, glauben Sie, würde ich hier glücklich sein?«

❑ *Haben Sie bei der Arbeit Ihr Bestes gegeben?*

Sagen Sie »Ja«, und der Interviewer wird denken, Ihre Glanzzeit sei vorbei. Wie bei all diesen Fragen sollten Sie Ihren beruflichen Werdegang individuell zuschneiden und dabei die folgende Antwort in ihrem Kern übernehmen: »Ich bin stolz auf meine bisherigen beruflichen Leistungen, aber ich glaube, das Beste wird noch kommen. Ich bin immer motiviert, mein Bestes zu geben, und bei dieser Stelle gibt es immer Gelegenheiten, sich zu engagieren, wenn man die Augen offenhält.«

❑ *Wie lange würde es dauern, bis Sie voll bei uns einsteigen könnten?*

Vergessen Sie wiederum nicht, die Frage einzugrenzen. In welchem Bereich braucht der Interviewer Ihre schnelle Mitwirkung? Sie sind am besten beraten, wenn Sie diese Frage mit einer indirekten Gegenfrage beantworten: »Das ist eine ausgezeichnete Frage. Um mir die Antwort zu erleichtern, erläutern Sie mir doch bitte, welche Zuständigkeiten mir während der ersten sechs oder sieben Monate übertragen werden.« Sie verschaffen sich Zeit zum Nachdenken, während der Interviewer sich auf Aspekte Ihrer Tätigkeit für das Unternehmen konzentriert. Wenn es Zeit ist, zu antworten, beginnen Sie so: »Nehmen wir an, ich würde am Montag, dem 17., anfangen. Es wird einige Wochen dauern, bis ich mich eingewöhnt und eingearbeitet habe. Ich werde sehr schnell mein Geld wert sein, aber voll einsteigen ... (*Sie zögern*) ... Denken Sie an ein bestimmtes Projekt, in das Sie mich gern einbinden würden?« Diese Antwort könnte direkt zu einem Stellenangebot führen. Andernfalls haben Sie immerhin den Interviewer soweit, daß er Sie als Mitarbeiter erwägt.

❑ *Was würden Sie in fünf Jahren gerne tun?*

Hier haben Sie Gelegenheit, sich als wirklichen Profi und Teamspieler darzustellen. Mit dieser Frage prüft man Ihren Ehrgeiz – aber niemand möchte hören, daß Sie in fünf Jahren seinen Stuhl besetzen wollen. Zeigen Sie, daß Sie nach oben wollen und zugleich realistisch und flexibel sind.

Ob Sie befördert werden, hängt davon ab, ob Sie einem Manager begegnen, mit dem Sie sich entwickeln können. Sie werden selbstverständlich fragen, welche Chancen sich innerhalb des Unternehmens bieten, bevor Sie in die Details gehen: »Aus dem, was ich weiß und was Sie mir über das Wachstum in Ihrem Unternehmen erzählt haben, schließe ich, daß der Schwerpunkt in Zukunft eindeutig auf der Fertigung liegen wird. Es scheint, daß dort die harte Arbeit geleistet werden muß und daß ich dort am meisten zu den Unternehmenszielen beitragen kann.« Letztlich sollte man in den karrierebegründenden Jahren ungefähr alle drei Jahre nach oben wechseln, mithin wollen Sie in fünf Jahren ein bis zwei Positionen höher stehen als jetzt.

❑ *Welche Qualifikationen besitzen Sie?*

Wieder müssen Sie die Frage eingrenzen. Erwartet der Befrager arbeitsbezogene oder akademische Qualifikationen? Fragen Sie. Wenn er berufliche Qualifikationen erwartet, müssen Sie genau wissen, welche Arbeit Sie in den ersten Monaten ausführen sollen. Beachten Sie wiederum, wie wichtig es ist, über laufende Projekte und daher über Probleme Bescheid zu wissen, die angepackt werden müssen. Fragen Sie. Benutzen Sie dann passende Wertschlüssel aus allen vier Kategorien, die Sie mit relevanten Fähigkeiten und Leistungen koppeln. Sie könnten sagen: »Ich könnte Ihnen allgemein darauf antworten, aber ich glaube, meine Antwort wäre aufschlußreicher, wenn Sie mir etwas über die speziellen Arbeitsaufgaben in den ersten Monaten sagen ...«

Oder: »Wenn es im Moment vor allem darum geht, die Ausschußquote zu verringern, so kann ich Ihnen sagen, daß ich in der Hochgeschwindigkeitsverspannung tätig bin, und seit ich dort bin, habe ich den Ausschuß um 26 Prozent reduziert ...«

❑ *Was sind Ihre größten Leistungen?*

Geben Sie eine stellenbezogene Antwort. Aus den früheren Übungen sollten Sie sich an eine Reihe von Leistungen erinnern. Wenn Sie Ihren Beitrag zu größeren Projekten übertreiben, wird man Ihnen vorwerfen, am ›Kaffeeautomaten-Syndrom‹ zu leiden – der Krankheit eines kleinen Büroangestellten, der für sich den Erfolg eines Apollo-Raumfluges in Anspruch nimmt, und zwar aufgrund seiner Beziehung zu bestimmten Wissenschaftlern, die an einem Kaffeeautomaten angebahnt wurde. Sie könnten Ihre Antwort so beginnen: »Auch wenn ich glaube, daß meine größten Leistungen noch vor mir liegen, bin ich stolz auf meine Mitwirkung an ... Als Mitglied dieser Gruppe habe ich meinen Beitrag geleistet und dabei eine Menge gelernt. Harte Arbeit, Konzentration und Gewinnstreben sicherten uns den Erfolg.«

❑ *Können Sie unter Druck arbeiten?*

Sie könnten versucht sein, eine einfache Ja- oder Nein-Antwort zu geben – tun Sie das jedoch nicht. Das bringt nichts, und Sie verpatzen die Chance, Ihre Fähigkeiten und Wertprofile zu verkaufen. Tatsächlich kommt diese geläufige Frage oft von einem unerfahrenen Interviewer, weil sie eine einfache Ja- oder Nein-Antwort erheischt. Als solche gibt sie Ihnen nicht die Chance, ausführlich zu antworten. Wann immer man Ihnen eine solche Frage stellt, fügen Sie im Geist hinzu: »Bitte geben Sie mir eine kurze, aber aussagekräftige Antwort.« Wenn Sie das tun, werden Sie die geforderte Information liefern und eine Gelegenheit ergreifen, sich zu verkaufen. Zum Beispiel könnten Sie sagen: »Ja, normalerweise bringt mich das in Schwung. Ich vertraue jedoch auf Planung und eine zweckmäßige Einteilung meiner Zeit, um in meinem Verantwortungsbereich nicht in panischen Termindruck zu geraten.«

❑ *Was ist Ihre größte Stärke?*

Stimmen Sie diese Frage auf Ihre Vorbildung ab und lassen Sie einige der zentralen Wertfaktoren aus verschiedenen Kategorien einfließen. Sie sollten Stolz, Zuverlässigkeit und die Fähigkeit demonstrieren, bei einer schwierigen Aufgabe am Ball zu bleiben, doch auch, wenn nötig, den Kurs schnell zu ändern. Sie können hier Ihre früheren Antworten umformulieren. Ein Teil Ihrer Antwort könnte so aussehen: »Ich vertraue auf Planung und zweckmäßige Zeiteinteilung. Und doch kann ich auch unter Druck arbeiten.«

❑ *Was interessiert Sie am meisten an dieser Arbeit?*

Seien Sie offen, es sei denn, man hat Sie nicht hinlänglich informiert, um eine Antwort zu geben. In diesem Fall sollten Sie von sich aus eine klärende Frage stellen. Vielleicht könnten Sie sagen: »Bevor ich antworte, könnten Sie mir vielleicht etwas mehr über die Funktion der Stelle hinsichtlich der Ziele der Abteilung sagen?«; oder: »Wo ist im Augenblick in Ihrer Abteilung die größte Lücke?«. Die von Ihnen mit diesen Fragen zusätzlich gesammelten Informationen geben Ihrer Antwort die angemessene Zielrichtung: Sie sprechen das an, was für die Abteilung und das Unternehmen von größtem Nutzen ist. In bezug auf Ihre berufliche Laufbahn ist das offensichtlich auch für sie das Förderlichste. Ihre Antwort kehrt dann jene Persönlichkeitszüge hervor, die das vorhandene Bedürfnis abdecken. Ihre Antwort könnte zum Teil so aussehen: »Ich suche nach einer Herausforderung und einer Chance, voll einzusteigen. Wenn Sie also glauben, die größte Herausforderung in der Abteilung ist ..., bin ich der Richtige für die Arbeit.« Führen Sie dann jene Persönlichkeitszüge an, die Ihre Aussagen untermauern. Vielleicht: »Ich liebe Herausforderungen, mein beruflicher Werdegang beweist meine ausgezeichneten Problemlösungsfähigkeiten, und ich ziehe ein Projekt immer bis zum Ende durch.«

❑ *Welche Gehaltsvorstellung haben Sie?*

Das ist eine K.o.-Frage. Geben Sie eine falsche Antwort, und Sie sind sofort aus dem Rennen. Es ist immer eine Versuchung, nach den Sternen zu greifen, wenn man weiß, daß man immer noch auf den Boden zurückkommen kann, aber das ist eine schlechte Methode. Unternehmen haben für jede Stelle einen genauen Gehaltsrahmen (Gehaltskurven genannt), so daß eine unbesonnene Antwort Ihre Chancen auf ein Stellenangebot auf Null sinken lassen kann. Die Lösung? Sie brauchen das bestmögliche Angebot, ohne sich durch überhöhte Forderungen aus dem Rennen zu bringen, also pokern Sie: »Ich möchte selbstverständlich so viel verdienen, wie meine Vorbildung und meine Erfahrung erlauben. Ich verdiene (habe verdient) x DM im Monat. Das wichtigste für mich ist jedoch die Arbeit und die Menschen, mit denen ich zusammenarbeiten werde. Wenn ich für die Stelle der Richtige bin, wie ich glaube, machen Sie mir zweifellos ein faires Angebot.« Sie können eine Frage an das Ende Ihrer Antwort anhängen: »Was für eine Summe schwebt Ihnen vor?«

Bietet man Ihnen ein gleich hohes Gehalt wie Ihr bisheriges an, so prüfen Sie, welche weiteren Leistungen wie z. B. Urlaubs- und Weihnachtsgeld und Umsatzbeteiligung dazukommen. Wenn das Angebot auch dann nicht Ihr bisheriges Gehalt übertrifft und Sie sich aus ungekündigter Stellung heraus bewerben, dann verhandeln Sie – das wird Ihnen niemand verübeln. Mögliche Kompromißvorschläge wären Gehaltserhöhungen in Einzelschritten, etwa in halbjährlichen Abständen. Achten Sie darauf, daß solche Regelungen schriftlich fixiert werden. Informieren Sie sich vor dem Gespräch über branchenspezifische Gehaltsvergleiche (etwa bei den Industrie- und Handelskammern und durch die Lektüre der Zeitschriften *Capital* und *Manager Magazin*).

Nach der Rechtslage muß die Frage nach dem bisherigen Gehalt wahrheitsgemäß beantwortet werden, wenn die bisherige Stelle vergleichbare Kenntnisse und Fähigkeiten erforderte wie die jetzt angestrebte Position (Anm. d. Übers.).

❑ *Was erwarten Sie von Ihrer nächsten Stelle?*

Sie wünschen sich ein Unternehmen, in dem die Schlüsselfaktoren Ihres Persönlichkeitsprofils und Ihres professionellen Profils es Ihnen erlauben, zu geschäftlichen Zielen beizutragen. Sagen Sie nicht, was Sie von dem Unternehmen erwarten, sondern zeigen Sie, was Sie Ihrem Arbeitgeber bieten können. Das Schlüsselwort in dem folgenden Beispiel ist ›Engagement‹: »Meine Erfahrung bei der Firma X hat mir gezeigt, daß ich Leute gut motivieren kann. Das zeigt sich daran, daß die Fehlzeitenquote meiner Gruppe um 20 Prozent gesunken ist, die Fluktuation sich bei 10 Prozent eingependelt hat und die Produktion um 12 Prozent gestiegen ist. Ich suche nach einer Chance, diese Art von Engagement fortzusetzen, und nach einem Unternehmen und einem Vorgesetzten, die mir helfen werden, mich in einer professionellen Weise weiterzuentwickeln.«

❑ *Aus welchem Grund sollte ich gerade Sie einstellen?*

Ihre Antwort sollte kurz und direkt sein und solche Bereiche Ihrer Berufserfahrung hervorheben, die in einem Bezug zu aktuellen Bedürfnissen und Problemen stehen. Rekapitulieren Sie die Beschreibung, die der Interviewer von der Stelle gab, und zeigen Sie, daß Ihre Fähigkeiten den Anforderungen Punkt für Punkt entsprechen. Beenden Sie Ihre Antwort so: »Ich bin qualifiziert, ich habe Teamgeist, befolge Anweisungen und habe den Wunsch, einen vollen Erfolg zu erzielen.«

❑ *Was bieten Sie, das ein anderer nicht bieten kann?*

Diese Frage kommt erst, nachdem man Ihnen die Arbeit gründlich erläutert hat. Vergegenwärtigen Sie sich nochmals die Stellenbeschreibung des Interviewers und antworten Sie dann: »Ich bringe für diese Stelle die Entschlossenheit mit, Projekte zu ihrem ordnungsgemäßen Abschluß zu bringen. Ich höre zu und folge Anweisungen bereitwillig. Ich bin ein Analytiker und ziehe keine voreiligen Schlüsse. Und schließlich weiß ich, daß wir im Geschäft sind, um Gewinn zu machen, daher achte ich auf Kosten und Ertrag. Inwiefern entsprechen diese Leistungsprinzipien Ihren Anforderungen?«

Sie schließen mit einer Frage, die Rückmeldung bzw. eine entschiedene Antwort erheischt. Wenn Sie auf die speziellen Wünsche des Interviewers noch nicht eingegangen sind, dann wird er sie Ihnen jetzt vortragen, und Sie können entsprechend darauf antworten.

❑ *Beschreiben Sie ein schwieriges Problem, mit dem sie sich herumschlagen mußten.*

Das ist eine der beliebtesten Fragen. Sie zielt darauf ab, Ihr professionelles Profil zu testen, insbesondere Ihre analytischen Fähigkeiten: »Nun, bei einem schwierigen Problem folge ich immer einem Fünf-Stufen-Plan. Erstens untersuche ich das Problem in aller Ruhe. Zweitens erkenne ich das Problem als ein Symptom anderer, vielleicht versteckter Faktoren. Drittens erstelle ich eine Liste möglicher Lösungen. Viertens wäge ich die Folgen und Kosten jeder Lösung gegeneinander ab und bestimme die beste Lösung. Und fünftens gehe ich zu meinem Chef, umreiße das Problem, gebe meine Empfehlung und bitte um seinen Rat und seine Zustimmung.«

Stellen Sie dann das Beispiel eines Problems und Ihre Lösung vor: »Als ich zu meiner jetzigen Firma kam, trat ich in die Fußstapfen eines Managers, den man gefeuert hatte. Die Personalfluktuation war sehr hoch. Meine Aufgabe war es, die Fluktuation zu senken, die Arbeitsmoral zu verbessern und den Absatz zu erhöhen. Der Absatz unseres neuen Kopierers war nun schon vier Quartale hintereinander rückläufig gewesen. Mein neuer Arbeitgeber war sehr beunruhigt und gab mir sogar die Erlaubnis, gründlich aufzuräumen. Die Ursache des Problems? Alles was meine Leute brauchten, war ein intensives Verkaufsschulungsprogramm. Mein Chef erlaubte mir, ein Institut für Schulung und Weiterbildung zu besuchen, das 250 DM kostete. Mit dem, was ich dort lernte, krempelte ich die Abteilung um. Der Absatz ging in meinem ersten Quartal auch weiterhin zurück. Dann schoß er sprunghaft in die Höhe. Das Management war mit dem Absatz zufrieden, mein Chef war zufrieden, weil die Lösung wirksam und billig war. Ich mußte lediglich zwei Verkäufer ersetzen.«

❑ *Was haben Sie aus Ihren früheren Tätigkeiten gelernt?*

Greifen Sie bei Ihrer Antwort auf Ihr Arbeits- und Ihr professionelles Profil zurück. Vermitteln Sie dem Interviewer, daß Sie konstruktive Ratschläge erwarten und akzeptieren können und daß Sie sich bei Ihren geschäftlichen Entscheidungen davon leiten lassen, was dem Unternehmen nützt, und nicht von einer persönlichen Laune oder Vorliebe. »Dabei ist mir vor allem anderen klar geworden, daß das, was für die Firma gut ist, auch für mich gut ist. Also höre ich sehr genau auf Anweisungen und halte meinen Chef über meine Handlungen immer auf dem laufenden.«

Sie haben folgende Profile in Ihre Antwort einfließen lassen:

- die Fähigkeit zuzuhören (professionelles Profil);
- Ihr Interesse am Geschäftsergebnis (Arbeitsprofil);
- Ihre Bereitschaft, sich an Regeln zu halten (Arbeitsprofil).

❑ *Wie würden Ihre früheren Arbeitgeber Sie bewerten?*

Sie haben nichts zu verlieren, wenn Sie sich selbstbewußt geben. Wenn Sie berichten, wie gut Sie und Ihr Chef miteinander ausgekommen sind, muß der Interviewer nicht fragen: »Was mögen Sie an Ihrem gegenwärtigen Vorgesetzten nicht?«

Je höher Sie die Unternehmensleiter steigen, um so wahrscheinlicher wird es, daß Ihre Referenzen überprüft werden. Es ist eine gute Idee, frühere Arbeitgeber um ein Empfehlungsschreiben zu bitten. Das vermindert die Wahrscheinlichkeit, daß der Unternehmensvertreter Sie überprüft, und wenn man Ihnen diese Frage stellt, können Sie ein Bündel von Lobeshymnen hervorziehen und überreichen.

❑ *Für welche Entscheidungen waren Sie bei Ihrer letzten Stelle zuständig?*

Ihre Antwort sollte auf die Tatsache hinweisen, daß Ihre Entscheidungen alle auf geeigneten Schlüsselfaktoren des Arbeitsprofils beruhen. Der Interviewer will vielleicht

Ihren Verantwortungsbereich herausfinden, oder er möchte wissen, ob Sie hochstapeln. Das ist auch eine Gelegenheit, mit Ihrem Leistungsprofil aufzutrumpfen, wie niedrig Ihre Position auch sein mag.

Zum Beispiel: »Da ich für die eingehende Post zuständig bin, muß ich dafür sorgen, daß Informationen unverzüglich weitergeleitet werden. Meine Arbeit ist genau definiert, und die von mir zu treffenden Entscheidungen sind nicht allzu schwierig. Vor ein oder zwei Jahren bemerkte ich, daß die Arbeit für 20 Minuten ruhte, wenn ich gegen 10 Uhr die Post verteilte. Ich hatte eine Idee und teilte sie meiner Chefin mit. Der Direktor segnete es ab, und seitdem verteilen wir die Post kurz vor der Mittagspause. Herr Weber, der Direktor, glaubt, daß durch meine Idee die Produktivität erhöht und Zeit gewonnen wurde.«

❑ *Warum wurden Sie entlassen?*

Das ist eine Frage, die *sehr* schwer zu beantworten ist, weil Sie das Stigma loswerden müssen, daß Ihr Arbeitsverhältnis aufgelöst wurde. Wenn Sie das schmerzliche Ereignis objektiv betrachten, werden Sie wahrscheinlich die Ursache Ihrer Entlassung in dem Fehlen eines oder mehrerer der 20 Profilfaktoren entdecken. Die Tatsache, daß Sie entlassen wurden, weckt beim Interviewer auch unmittelbar Zweifel und erhöht stark die Wahrscheinlichkeit, daß Ihre Referenzen überprüft werden.

Was immer Sie tun, hängen Sie Ihre Entlassung nicht an die große Glocke. Wenn man Sie fragt, seien Sie ehrlich, aber sorgen Sie dafür, daß die Ursache in dem bestmöglichen Licht erscheint. Vielleicht: »Es fällt mir schwer, das zu sagen, aber ich habe es verdient. Ich hatte zu der Zeit einige persönliche Probleme, die meine Arbeit beeinträchtigten. Ich kam zu spät zur Arbeit und verlor meine Motivation. Mein Vorgesetzter – mit dem ich übrigens immer noch in Kontakt bin – hatte ohnehin die Anweisung, den Personalbestand zu reduzieren, und da man mich erst ein paar Jahre zuvor eingestellt hatte, mußte ich als einer der ersten gehen.«

Wenn Sie die Zahl der freiwilligen und unfreiwilligen Mitarbeiterfluktuation in Erfahrung bringen können, fügen Sie hinzu: »Dieses Jahr haben bisher fünfzehn weitere Mitarbeiter das Unternehmen verlassen.« Eine kombinierte Antwort dieser Art mindert den Schandfleck. Sie haben es sogar fertiggebracht zu zeigen, daß Sie Verantwortung für Ihre Handlungen übernehmen, worin sich Ihre analytische Begabung und Ihre Bereitschaft, sich etwas sagen zu lassen, manifestieren. Wenn einer Ihrer früheren Vorgesetzten gut über Sie spricht, haben Sie nichts zu verlieren, sondern alles zu gewinnen, wenn Sie so enden: »Eva Meier wäre in diesem Unternehmen eine gute Referenz, die Ihnen das, was ich Ihnen gesagt habe, bestätigen wird.«

Selbstverständlich ist es völlig akzeptabel, wenn Sie aus Umständen, die nicht in Ihrer Macht stehen (z. B. Betriebsschließung) entlassen wurden, und Sie sollten ganz unbefangen darüber sprechen.

❑ *Nennen Sie einige der Tätigkeiten, mit denen Sie bei Ihrer letzten Stelle die meiste Zeit verbracht haben, und erläutern Sie, weshalb das so war.*

Arbeitskräfte lassen sich in zwei Kategorien einteilen: zielorientierte (jene, die die Arbeit so schnell als möglich abschließen wollen) und prozeßorientierte (jene, die ›fleißig‹ sein wollen). Sie müssen zeigen, daß Sie Ihre Zeit gut einteilen und daß Sie deshalb zielorientiert sind, denn darauf zielt die Frage ab.

»Ich arbeite am Telefon, wie viele Geschäftsleute. Treffen nehmen auch viel Zeit in Anspruch. Für mich ist jedoch eine effiziente Zeiteinteilung wichtiger. Ich finde, man erreicht mehr in kürzerer Zeit, wenn man ein Treffen, sagen wir, kurz vor der Mittagspause oder vor Betriebsschluß ansetzt. Ich versuche, meine Zeit morgens und nachmittags auf größere Aufgaben zu verwenden, so daß ich nicht in Hektik gerate. Um 16 Uhr überprüfe ich, was ich geleistet habe, was funktionierte und was nicht, und ich plane Korrekturen und meine wichtigsten Arbeitsziele für den nächsten Tag.«

❑ *In welcher Weise hat Ihre Arbeit Sie darauf vorbereitet, mehr Verantwortung zu übernehmen?*

Das ist eine der wichtigsten Fragen, die Sie beantworten müssen. Der Interviewer erwartet Beispiele Ihrer beruflichen Weiterentwicklung, also müssen Sie eine Geschichte erzählen, die das veranschaulicht. Das folgende Beispiel demonstriert Ihre Weiterentwicklung, Ihre Bereitschaft, dazuzulernen, Ihre Ehrlichkeit und Ihre Befolgung der Regeln. Teile davon können auf Ihre persönliche Erfahrung zugeschnitten werden. Beachten Sie den ›Damals und heute‹-Aspekt der Antwort.

»Zu Anfang hat meine Chefin mich morgens und abends genau instruiert. Ich habe einige Fehler gemacht, sehr viel gelernt und die Arbeiten rechtzeitig erledigt. Heute treffe ich sie jeden Montag morgen, nur um wichtige neue Anweisungen zu besprechen.«

Kapitel 11

Ablehnende Fragen und Tricks

Diese schrecklich klingenden Fragen werden eingestreut, um Ihre Ausgeglichenheit zu testen, zu sehen, wie Sie sich unter Druck verhalten, und um den Grad Ihres Selbstvertrauens auszuloten. Viele Bewerber machen ihre Chancen dadurch zunichte, daß sie in diesen Fragen persönliche Beleidigungen sehen und nicht die Herausforderung und die Chance zu glänzen, die *eigentlich* dahinterstecken.

Diese Trickfragen können Sie zu Ihrem Vorteil wenden bzw. durch geschicktes Manövrieren vermeiden. Welchen Weg Sie auch gehen, Sie werden zu den wenigen Auserwählten gehören, die diese Befragungstaktik durchschauen.

Denken Sie bei diesen Fragen daran, eine persönliche Antwort zu geben, in der sich Ihre Erfahrung widerspiegelt und die sich auf Ihren Beruf bezieht. Üben Sie sie laut; dadurch gehen Ihnen die Antworten auf diese Schachzüge im Bewerbungsgespräch in Fleisch und Blut über. Diese intensive geistige Vorbereitung wird Ihr Selbstvertrauen während des Bewerbungsgesprächs positiv beeinflussen.

Besonders in diesem Kapitel werden sich Gegenfragen als sehr nützlich erweisen. Ablehnende Fragen oder Trickfragen sind dazu bestimmt, standfeste Spieler von solchen zu trennen, die unter Druck schlappmachen. Mit Bedacht eingesetzt, werden Ihre Gegenfragen dem Interviewer beweisen, daß Sie unter Druck arbeiten können, und Sie geben dem Interviewer den Schwarzen Peter zurück.

❑ *Ich bin nicht sicher, ob Sie für die Stelle geeignet sind.*

Das »Ich bin nicht sicher« des Interviewers bedeutet *eigentlich:* »Ich würde Sie gern einstellen; hier biete ich Ihnen also eine äußerst günstige Gelegenheit, sich mir zu verkaufen.« Er untersucht drei Bereiche Ihres Persönlichkeitsprofils: Ihr Selbstvertrauen, Ihre Zielstrebigkeit und Ihre Fähigkeit, genau hinzuhören. Bewahren Sie innerlich und äußerlich Ihre Ruhe. Geben Sie den Schwarzen Peter gleich dem Interviewer zurück: »Wie kommen Sie darauf?« Sie brauchen sowohl Information als auch Zeit, um sich eine passende Antwort zurechtzulegen, aber es ist wichtig, zu zeigen, daß Sie nicht eingeschüchtert sind. Erstellen Sie einen Aktionsplan für diese Frage. Auch wenn die Ansicht des Interviewers über Ihre Fähigkeiten zutrifft, entgegnen Sie mit Wertschlüsseln und geeigneten Ersatzqualitäten. Sie kontern mit anderen Fähigkeiten, die Ihre Kompetenz und Ihre Lernfähigkeit unter Beweis stellen, und Sie zeigen damit, daß Sie sich neue Fertigkeiten rasch aneignen können. Verknüpfen Sie beides, und zeigen Sie, daß Sie mit Ihren anderen Eigenschaften viele Pluspunkte für die Stelle mitbringen. Beenden Sie Ihre Antwort mit einer Gegenfrage, die zu einer Ja-Antwort ermuntert.

»Ich gebe zu, daß meine Kenntnisse in dieser Programmiersprache etwas oberflächlich sind. Alle Programmiersprachen ähneln jedoch einander. Ich weiß aus Erfahrung, daß ich mit der Kenntnis vier anderer Sprachen mir sehr schnell auch diese aneignen werde. Außerdem bringe ich eine Fülle weiterer Erfahrungen für diese Stelle mit – meinen Sie nicht auch?«

Wenn der Grund für diese Frage nicht in einem Mangel an Fachkenntnissen liegt, muß sie sich auf eines Ihrer Schlüsselprofile beziehen. Vielleicht will der Interviewer sagen: »Sie haben mich noch nicht von Ihrer Zielstrebigkeit überzeugt.« Damit fordert er Sie auf, ihn für sich zu gewinnen; schildern Sie also eine Begebenheit, die Ihre Zielstrebigkeit demonstriert.

Zum Beispiel: »Es ist interessant, daß Sie das sagen. Mein jetziger Chef ist durchaus von meiner Zielstrebigkeit überzeugt. Ungefähr vor einem Jahr hatten wir Probleme wegen der Gründung einer Gewerkschaft in unserem Betrieb. Das Problem des Managements war, daß 50 Prozent der Produktionsarbeiter nur Gudscharati (neuindische Sprache, die in Gudscharat, einem Staat in West-Indien, gesprochen wird. Anm. d. Übers.) sprachen. Ungeachtet der Tatsache, daß unsere Mitarbeiter die besten Arbeitsbedingungen und betrieblichen Leistungen im ganzen Gebiet hatten, waren sie sehr progewerkschaftlich eingestellt. Wenn sie Erfolg gehabt hätten, wären wir der erste gewerkschaftlich organisierte Betrieb des Konzerns gewesen. Niemand im Management beherrschte diese Sprache. Ich besuchte einen Schnellkurs und büffelte fünf Wochen lang jeden Abend zwei Stunden zu Hause. Dann brachte ich jemanden aus der Wartungsmannschaft dazu, mir bei der Grammatik und Aussprache zu helfen. Schließlich begannen verschiedene andere Produktionsarbeiter, mir einfache Dinge auf Gudscharati zu sagen und mir bei den Antworten zu helfen. Ich eröffnete das erste Treffen mit der Belegschaft, um über die Probleme zu diskutieren, und meine Begrüßung in ihrer Sprache entlockte ihnen ein anerkennendes Gemurmel. Wir hatten bewiesen, daß sie uns wichtig genug waren, um eine Verständigung zu versuchen. In unserem Betrieb kam es zu keiner gewerkschaftlichen Organisierung und meine Entschlossenheit, diese zusätzliche Anstrengung auf mich zu nehmen, zahlte sich aus und erlaubte meinen Vorgesetzten, von einer Position der Hilfsbereitschaft und Stärke aus zu verhandeln. Würden Sie darin nicht auch Zielstrebigkeit sehen?«

❑ *Was ist Ihre größte Schwäche?*

Das ist eine direkte Einladung, Ihren Kopf in die Schlinge zu stecken. Nehmen Sie die Einladung nicht an. Geben Sie eine allgemein gehaltene Antwort, die Ihre

›Schwäche‹ in eine positive Eigenschaft verwandelt. Zum Beispiel: »Ich liebe meine Arbeit und gebe mir mit jedem Projekt die größte Mühe. Wenn ich daher manchmal nicht das Gefühl habe, daß die anderen ihren Teil beisteuern, finde ich das etwas frustrierend. Ich bin mir dieser Schwäche bewußt, und versuche sie in solchen Situationen durch eine positive Einstellung zu überwinden, die hoffentlich wirkt.«

Glückwunsch, Sie haben gerade aus einer kniffligen Frage eine Chance gemacht, sich mit Ihrem professionellen Profil zu verkaufen.

❑ *Würden Sie sich in einem anderen Unternehmen nicht wohler fühlen?*

Antworten Sie »nein«, und erklären Sie, warum. Der Interviewer will nur sehen, was Sie über das Unternehmen wissen und wie entschlossen Sie sind, einzutreten. Ihre früheren Recherchen und Ihre Kenntnis von Schlüsselfaktoren des Persönlichkeitsprofils (Entschlossenheit) werden sich erneut auszahlen. Entkräften Sie den Einwand durch ein Beispiel und zeigen Sie, daß die dabei gemachte Erfahrung Ihrer Mitwirkung im neuen Unternehmen zugute kommen wird. Schließen Sie mit einer eigenen Frage. In diesem Fall hat die Frage einen doppelten Zweck: erstens, einen entscheidenden Bereich herauszufinden, für den Sie sich profilieren müssen; und zweitens, den Interviewer zu ermuntern, sich eine Vorstellung von Ihrer Beschäftigung im Unternehmen zu machen.

Sie könnten erwidern: »Überhaupt nicht. Ich habe bisher nur in kleinen Unternehmen gearbeitet. Ich bin gut in meinem Beruf, und mit der Zeit könnte ich zu einem großen Fisch in einem kleinen Teich werden. Aber das ist nicht das, was ich will. Ihr Unternehmen gehört zu den Branchenführern. Sie sind allgemein dafür bekannt, die Weiterbildung Ihrer Mitarbeiter zu fördern. Das ist genau das Arbeitsklima, das mir vorschwebt. Und da ich aus einem kleinen Unternehmen komme, kenne ich mich überall etwas aus. Das bedeutet, daß ich alles, was Sie mir vorsetzen, schnell lernen werde. Was wäre z. B. das erste Projekt, an dem ich mitarbeiten würde?«

❑ *Welche Entscheidungen fallen Ihnen am schwersten?*

Sie sind auch nur ein Mensch, das sollten Sie zugeben, aber seien Sie vorsichtig bei sonstigen Zugeständnissen. Wenn Sie einmal jemanden entlassen mußten, dann haben Sie Glück, weil das niemand gern tut, und Sie werden von dieser Erfahrung profitieren. Unterstreichen Sie, daß Sie – wenn Sie einmal zu einer logischen Schlußfolgerung gelangt sind – sofort handeln. Wenn Sie nicht im Management sind, lassen Sie Schlüsselprofile in Ihre Antwort einfließen: »Nicht etwa, daß es mir schwerfällt, Entscheidungen zu treffen, aber einige erfordern mehr Überlegung als andere. Nehmen wir als kleines Beispiel den Urlaub. Nun, er steht jedem zu, aber ich glaube, man sollte seinen Chef nicht kurzfristig im Regen stehen lassen. Ich überlege mir am Jahresanfang sehr sorgfältig, wann ich gerne meinen Jahresurlaub nehmen würde, und denke mir auch zeitliche Alternativen aus. Ich gehe zu meinem Vorgesetzten, unterbreite ihm meine Wünsche und sehe, ob es Schwierigkeiten gibt. Ich würde z. B. die beiden Wochen vor einem Projektabschluß nicht dem Büro fernbleiben wollen. Dadurch, daß ich mir alles lange genug im voraus überlege, zaudere ich nicht und gewährleiste, daß meine Pläne in die Zeitplanung meines Chefs und meiner Abteilung passen.«

Hier benutzen Sie eine Trickfrage dazu, Ihre Umsichtigkeit, Ihre analytischen Fähigkeiten, Ihre Rücksicht auf die Abteilung und die Projekte des Unternehmens zu demonstrieren.

❑ *Warum haben Sie so lange nicht gearbeitet?*

Sie müssen eine gut fundierte Erklärung für jede Lücke in Ihrer Berufslaufbahn haben. Andernfalls ist es unwahrscheinlich, daß man Ihnen eine Offerte unterbreiten wird.

Sagen Sie die Wahrheit; jeder hat dafür Verständnis. Betonen Sie, daß Sie nicht lediglich einen Gehaltsscheck wollen. Sie suchen nach einem Unternehmen, das ein Zuhause für Sie ist und für das Sie sich langfristig engagieren können.

»Nun, ich mag meine Arbeit zu sehr, als daß ich die erstbeste Stelle annähme, also beschloß ich, daß meine nächste Stelle mir die Möglichkeit bieten sollte, auf lange Sicht zu bleiben und mich voll in die Arbeit hineinzuknien. Wenn ich richtig informiert bin, erwartet Ihr Unternehmen von jedem, daß er sein Bestes leistet – zumal es viel schwierige Arbeit zu tun gibt. Ich mag das, und ich würde gern zu Ihrem Team gehören. Was muß ich tun, um die Stelle zu bekommen?«

Beantworten Sie die Frage. Schmeicheln Sie dem Interviewer und verlagern Sie den Schwerpunkt: von der Tatsache, daß Sie arbeitslos sind, auf die Frage, wie Sie ein Stellenangebot bekommen können.

❑ *Warum verdienen Sie in Ihrem Alter nicht mehr?*

Nehmen Sie das als Lob für Ihre Fähigkeiten und Leistungen. »Ich war immer der Meinung, daß ich auf lange Sicht von einer soliden Berufserfahrung profitieren würde und daß sie sich zur rechten Zeit materiell auszahlen wird. Ich gehöre auch nicht zu jenen Personen, die ihre Stelle nur wegen des Geldes wechseln. Ich habe ja mittlerweile eine gründliche Vorbildung, die jedem Unternehmen etwas wert ist.« Aber um zu verhindern, daß der Interviewer Sie wieder in Verlegenheit bringt, sollten Sie mit einer Gegenfrage schließen: »Wieviel sollte ich denn verdienen?« Die Summe könnte das Angebot an Sie sein.

❑ *Warum haben Sie so häufig Ihren Arbeitsplatz gewechselt?*

Wenn Sie häufig gewechselt haben, schieben Sie es auf Ihre Jugend. (Auch der Interviewer war einmal jung.) Heute sehen Sie ein, was für ein großer Fehler Ihr häufiger Stellenwechsel war, und durch Ihre zusätzlichen familiären Verpflichtungen sind Sie jetzt weitaus stärker gebunden. Oder vielleicht möchten Sie den Interviewer davon überzeugen, daß Ihr häufiger Stellenwechsel nie durch schlechte Leistungen verursacht war und daß jeder Arbeitsplatzwechsel Sie fachlich weitergebracht hat.

Sie können erwidern: »Die Anfahrt zu meiner ersten Stelle war sehr zeitraubend. Das war mir bald klar, aber ich wußte auch, daß ich in einem sehr konkurrenzbetonten Bereich wichtige Erfahrungen sammeln konnte. Später fand ich eine Stelle, bei der ich für die Hin- und Rückfahrt zusammen nur vierzig Minuten brauchte. Ich war mit meiner zweiten Arbeit sehr zufrieden. Ich bekam jedoch die Chance, meinen Erfahrungshorizont bei einem neu gegründeten Unternehmen beträchtlich zu erweitern. Heute weiß ich, daß das ein Fehler war. Ich brauchte ein halbes Jahr, um einzusehen, daß ich dort nichts beisteuern konnte. Bei meiner jetzigen Firma war ich ziemlich lange, also habe ich verschiedene Arbeitsfelder gründlich kennengelernt. Ich habe nicht *einfach* so meine Stelle gewechselt. Und wie Sie sehen, habe ich mehr Erfahrung als eine durchschnittliche Arbeitskraft meines Alters. Jetzt möchte ich mich fest binden und erreichen, daß meine verschiedenen Erfahrungen sich im Engagement für meinen neuen Arbeitgeber auszahlen. Ich habe gewiß eine Vorstellung davon, wie stark der Wettbewerb ist, meinen Sie nicht?«

❑ *Warum möchten Sie Ihre jetzige Stelle aufgeben? bzw. Warum haben Sie Ihre letzte Stelle verlassen?*

Das ist eine gängige Trickfrage. Sie sollten tatsächlich für jede Kündigung einen annehmbaren Grund haben. Wenn nicht, dann wählen Sie einen der folgenden sechs akzeptablen Gründe aus:

- *Herausforderung:* Sie konnten sich in der alten Position beruflich nicht weiterentwickeln.
- *Entfernung:* Die Entfernung war übermäßig groß.

- *Beförderung:* Es gab keine Aufstiegsmöglichkeiten. Sie hatten das Talent dazu, aber zu viele andere waren vor Ihnen.
- *Geld:* Für Ihre Qualifikation und Leistung waren Sie unterbezahlt.
- *Stolz* bzw. *Ansehen:* Sie wollten in einem besseren Unternehmen arbeiten.
- *Sicherheit:* Das Unternehmen war nicht stabil.

»Zuletzt arbeitete ich in einem Familienbetrieb. Ich war so weit aufgestiegen, wie ich konnte. Es schien mir nun an der Zeit zu sein, in ein renommierteres Unternehmen einzutreten und größere Herausforderungen anzunehmen.«

❑ *Was interessiert Sie am wenigsten an Ihrer jetzigen Arbeit?*

Diese Frage birgt unter Umständen Sprengstoff in sich, ist aber leicht zu entschärfen. Unabhängig von Ihrer Tätigkeit gibt es naturgemäß mindestens eine sich wiederholende, monotone Aufgabe, unter der jeder stöhnt. Führen Sie diese in einer Antwort wie der folgenden als Beispiel an: »Das Ablegen von Akten ist wahrscheinlich der Teil der Arbeit, der am eintönigsten ist. Es ist jedoch für den Gesamterfolg meiner Abteilung wichtig, also versuche ich, es leicht zu nehmen.« Sie verstehen, daß es nötig ist, bei jeder Arbeit mit dem Angenehmen auch das Unangenehme in Kauf zu nehmen.

❑ *Was mochten Sie bei Ihrer letzten Firma nicht besonders oder womit waren Sie nicht einverstanden?*

Man versucht herauszufinden, ob Sie möglicherweise Sand im Getriebe sind. Wenn Sie unbedingt antworten müssen, dann sollten Sie vielleicht die Art und Weise anführen, wie einige Angestellte, die die Rentabilität des Unternehmens außer acht lassen, manchmal bewußt die Unternehmenspolitik bzw: Anweisungen mißverstehen.

Oder: »Sie wissen ja, wie das manchmal in großen Unternehmen so geht. Die Leute verlieren einfach die Kosten aus den Augen. Man schien sich ohnehin nie sehr für Wirtschaftlichkeit oder Effizienz zu interessieren. Jeder wollte seine Jahresprämie, machte sich aber erst im Dezember darüber Gedanken. Den Rest des Jahres scherte sich niemand darum. Ich glaube, wir sollten das jeden Tag berücksichtigen, meinen Sie nicht?«

Oder: Sie hatten keine Aufstiegschancen im derzeitigen bzw. früheren Unternehmen, bzw. es ist im Sinne Ihrer weiteren Karriere, jetzt zu wechseln. Sie sollten aber nicht den Anschein erwecken, daß es Ihnen in erster Linie um Karriere geht – schließlich möchte der künftige Arbeitgeber, daß seine Firma im Mittelpunkt Ihres Interesses steht.

❑ *Wie viele Fehltage sind Ihrer Meinung nach tolerierbar?*

Auf diese Frage gibt es zwei Antworten: eine, wenn Sie im Management sind, und eine, wenn nicht. Als Manager: »Ich glaube, Anwesenheit ist eine Frage von Management, Motivation und Psychologie. Dazu gehört zum einen, die Arbeitskräfte wissen zu lassen, daß man von Ihnen größten Einsatz erwartet und keine weit hergeholten Entschuldigungen akzeptiert. Zum anderen kommt es darauf an, die Motivation der Mitarbeiter durch ein angenehmes Arbeitsumfeld und die Herausforderung, über sich hinauszuwachsen, zu erhalten. Den Leuten zu vermitteln, daß sie stolz auf ihre Arbeit sein können, hat auch viel damit zu tun.«

Wenn Sie nicht im Management sind, ist die Antwort sogar leichter: »Ich habe eigentlich nie darüber nachgedacht. Ich arbeite für meinen Lebensunterhalt, mag meine Arbeit und bin nur selten krank.«

❑ *Welchen allgemeinen Eindruck hatten Sie von Ihrer letzten Firma?*

Antworten Sie immer: »Einen ausgezeichneten.« Behalten Sie Ihre wirklichen Gefühle für sich, wie immer sie auch aussehen mögen. In der Manager-Zunft herrscht der feste Glaube, daß Arbeitskräfte, die über ihre früheren Arbeitgeber klagen, an ihren neuen Stellen Probleme verursachen werden. Sie antworten also: »Einen sehr guten« bzw. »Einen ausgezeichneten«. Kein Wort mehr.

❑ *Mit welchen Problemen werden Sie bei Ihrer Arbeit konfrontiert und was tun Sie dagegen?*

Denken Sie an das alte Sprichwort: »Ein schlechter Handwerker schimpft auf sein Werkzeug.« Ihr Bewußtsein, daß Flüchtigkeitsfehler das Unternehmen gutes Geld kosten, bedeutet, daß Sie immer nach potentiellen Problemen Ausschau halten. Nennen Sie als Beispiel ein Problem, das Sie erkannt und gelöst haben.

Etwa folgendes: »Meine Arbeit bleibt ziemlich gleich, also übersieht man leicht Probleme. Viele tun das. Ich achte jedoch immer darauf. Das hilft mir, wachsam und motiviert zu bleiben und dadurch bessere Arbeit zu leisten. Ich gebe Ihnen ein Beispiel: Wir stellen Speicherplatten für Computer her. Jede muß von Hand bearbeitet werden. Wenn sie fertig sind, werden sie durch die kleinste Schramme unbrauchbar. Ich habe einen festen Mitarbeiterstab und wenig Fluktuation, und alle tragen Baumwollhandschuhe, wenn sie mit den Platten hantieren. Vor einem halben Jahr jedoch ging die Ausschußrate steil in die Höhe. – Sie haben doch sicher diese Art von Problem gemeint. – Nun, die Ursache dafür hätte ewig unbemerkt bleiben können. Diana, die Abteilungsleiterin, die alle Platten prüft, hatte stark abgenommen, ihr Diamantring rutschte am Finger und zerkratzte die Platten, wenn sie sie ablegte und zum Versand aufeinanderschichtete. Unser Hauptabnehmer machte uns deshalb große Schwierigkeiten, so daß es sich wirklich auszahlte, daß ich dem Problem nachging und auf Einzelheiten achtgab.«

Der Interviewer hat versucht, bei Ihnen Schwachstellen aufzudecken: Sie sind dieser Falle ausgewichen.

❑ *Nennen Sie einige Arbeiten, die Ihnen schwerfallen. Und warum fallen sie Ihnen schwer?*

Das ist die Variante einer Reihe früherer Fragen. Denken Sie immer daran: Alles, was nicht im Interesse Ihres Arbeitgebers liegt, fällt Ihnen schwer. Wenn man Sie dazu drängt, eine Arbeitsaufgabe zu nennen, die Ihnen schwerfällt, antworten Sie in der Vergangenheit. Auf diese Weise signalisieren Sie, daß Sie die Schwierigkeit erkannt haben, aber offensichtlich gut damit zurechtkommen.

»Das ist eine knifflige Frage. Es gibt so vieles, was in unserem Geschäft schwer zu lernen ist, wenn man die Arbeit gut machen will. Ich mußte jeden Monat 40 Kunden versorgen, und ich war so damit beschäftigt, mit ihnen allen in Kontakt zu bleiben, daß ich nie die Chance hatte, etwas zu verkaufen. Also teilte ich sie in drei Gruppen ein: die Spitzenreiter, 20 Prozent, mit denen ich Geschäfte machte, rief ich alle drei Wochen an. Die nächste Gruppe umfaßte jene, denen ich ab und zu etwas verkaufte. Diese rief ich einmal im Monat an, aber mit einem wichtigen Unterschied: Jeden Monat wählte ich zehn von ihnen aus, um sie zu treffen und wirklich kennenzulernen. Ich habe immer noch Schwierigkeiten, in einem Monat meine sämtlichen 40 Kunden zu treffen, aber mein Absatz hat sich verdreifacht und klettert weiter.«

❑ *Stellen haben immer ihre positiven und negativen Seiten. Nennen Sie einige der negativen Seiten Ihrer letzten Stelle.*

Eine Variante der Frage: »Was interessiert Sie am wenigsten an Ihrer Arbeit?«, die früher behandelt wurde. Antworten Sie in der gleichen Weise. Zum Beispiel: »Wie allen Vertretern macht auch mir der Verkauf als solcher

Spaß, nicht jedoch der Papierkram. Aber da ich ohne ihn nicht davon ausgehen kann, daß der Kunde seine Waren bekommt und ich meine Provision erhalte, mache ich gute Miene zum bösen Spiel. Wenn ich den Papierkram nicht erledige, hält das außerdem andere Leute im Unternehmen auf.«

Wenn Sie nicht als Vertreter arbeiten, machen Sie den Verkaufsaußendienst zum Sündenbock. »In der Buchhaltung ist es meine Aufgabe, das Geld für die Personalgehälter und ähnliches einzutreiben. In der Hälfte der Fälle werden die Waren ausgeliefert, bevor ich die Unterlagen bekomme, weil der Verkauf sagt: ›Das ist ein Eilauftrag.‹ Das ist wirklich ein Nachteil für mich. In meiner alten Firma war das so schlimm, daß wir eine neue Methode ausprobierten. Wir sprachen mit dem Verkauf darüber und erläuterten unser Problem. Das Ergebnis war, daß der Provisionszuwachs von der Bezahlung und nicht mehr vom Rechnungsdatum abhängig gemacht wurde. Die Vertreter verstanden den Zusammenhang, und jetzt läuft alles viel besser.«

❑ *Mit was für Menschen arbeiten Sie gern zusammen?*

Das ist der leichte Teil einer raffinierten dreiteiligen Frage. Ganz klar: Mit Menschen, die stolz, ehrlich, integer und fleißig sind. Aber ...

❑ *Mit was für Menschen arbeiten Sie ungern zusammen?*

Der zweite Teil der gleichen Frage. Sie könnten sagen: »Mit Leuten, die sich nicht an Vorschriften halten oder mit Bummelanten. Die vereinzelten faulen Eier, die sich nicht wirklich um die Qualität ihrer Arbeit kümmern. Groß im Klagen, aber klein im Finden von Lösungen.« Und der dritte Teil der Frage ...

❑ *Wie konnten Sie erfolgreich mit diesen schwierigen Personen zusammenarbeiten?*

Das ist der schwierigste Teil der dreiteiligen Frage. Darauf könnten Sie antworten: »Ich lasse mich nicht beirren, lasse mir meine Begeisterung nicht nehmen und hoffe, daß manches davon abfärbt! Ich hatte mit einem Kollegen ein großes Problem: Er lag mir mit seinen Klagen ständig in den Ohren. Schließlich sagte ich ihm die Meinung: Wenn ich Millionär wäre, hätte ich keine Probleme und müßte nicht arbeiten. Da dem aber nicht so sei, müsse ich für meinen Lebensunterhalt arbeiten. Ich sagte Georg, daß ich seine Gesellschaft wirklich schätze, aber keine Klagen mehr hören möchte. Jedesmal, wenn ich ihn danach traf, schilderte ich ihm ein Arbeitsproblem und bat ihn um seinen Rat.«

Manchmal, so könnten Sie fortfahren, hätten Sie festgestellt, daß es solchen Leuten einfach an Begeisterung und Selbstvertrauen fehle und daß energische und fröhliche Arbeitskollegen das häufig ändern können. »Er bekam etwas Konstruktives zu tun, statt nur zu jammern.«

❑ *Wie sind Sie an Ihre letzte Stelle gekommen?*

Der Interviewer erwartet Initiative. Zeigen Sie, wenn möglich, daß Sie den ersten Schritt getan haben. Zeigen Sie zumindest Ihre Entschlossenheit.

»Bei meiner letzten Stelle hatte man mich eigentlich wegen zu geringer Erfahrung schon abgelehnt. Ich bat den Abteilungsleiter, mich zu testen, bevor er die Stelle jemand anderem anbot. Ich ging ins Büro und besorgte mir eine Liste mit Unternehmen, mit denen sie noch keine Geschäfte gemacht hatten, griff zum Telefon, und innerhalb von einer Stunde vereinbarte ich auf diese Weise zwei Treffen. Wie ich die Arbeit bekam? Mit einem Wort: durch meine Entschlossenheit.«

Wenn man Ihnen diese ausgeklügelten und hinterlistigen Fragen stellt und Sie sie erfolgreich beantworten, wird der Interviewer Ihnen mit Wohlwollen begegnen. Sie können sich als nächstes sicher auf eine Reihe von Fragen gefaßt machen, die dem Interviewer Aufschluß darüber geben, wie Sie sich verhalten, wenn Sie einmal eingestellt sind: »Was für ein Mensch sind Sie wirklich, Herr Maier?«

Kapitel 12

Was für ein Mensch sind Sie wirklich, *Herr Maier?*

Wollen Sie die Lebenserwartung Ihres neuen Arbeitgebers mindern? Das will der Interviewer wissen! Wenn man Ihnen die Stelle anbietet und Sie sie annehmen, werden Sie 46 Wochen im Jahr zusammenarbeiten. Jeder Arbeitgeber möchte wissen, ob Sie mit dem übrigen Personal harmonieren, ein Teamspieler sind und, was am wichtigsten ist, ob Sie gut zu führen sind.

Es gibt eine Reihe von Fragen, die der Interviewer vielleicht stellt, um diesen Bereich zu erforschen. Sie sind vorwiegend auf Ihr Verhalten und Ihre Einstellungen in der Vergangenheit gerichtet. Denken Sie daran: Man geht überall davon aus, daß man von Ihren früheren Handlungen auf Ihr zukünftiges Verhalten schließen kann.

❑ *Wie reagieren Sie auf Anweisungen?*

Das sind eigentlich zwei Fragen: »Wie reagieren Sie auf Anweisungen?« Und: »Wie nehmen Sie Kritik auf?« Ihre Antwort sollte beide Punkte abdecken. »Ich reagiere positiv auf Anweisungen und glaube, es gibt zwei Arten: gründlich erläuterte Anweisungen, wenn meine Chefin Zeit hat, mich mit Geduld und Respekt zu behandeln; und die andere Art – eine schroffe Anordnung oder Zurechtweisung. Während die meisten darüber verstimmt sind, glaube ich persönlich immer, daß meiner Chefin wichtigere Probleme und ein gedrängter Terminkalender zu schaffen machen. So verstehe ich die Anweisung auf jeden Fall und setze meine Arbeit fort, ohne beleidigt zu sein, so daß meine Chefin ihrer Arbeit nachgehen kann. Das ist der einzige Weg.«

❑ *Hätten Sie gerne die Stelle Ihres Chefs?*

Ein Chef, der sich wünscht, daß man ihm sein Auskommen nimmt, dürfte selten sein. Bei meinem allerersten Bewerbungsgespräch sagte mein zukünftiger Chef: »Herr Yate, es hat mich gefreut, Sie kennenzulernen. Als Sie hereingekommen sind, hatte ich das Gefühl, mich nach einer neuen Stelle umsehen zu müssen. Glauben Sie nicht, Sie wären in einem anderen Unternehmen besser aufgehoben?«

Aus dem gleichen Grund wird Ehrgeiz bewundert, aber hauptsächlich von den Ehrgeizigen. Seien Sie gedämpft optimistisch. Vielleicht: »Nun, wenn mein Chef in den kommenden Jahren befördert wird, hoffe ich, daß meine Leistung gut genug war, seine Empfehlung zu rechtfertigen. Und ich weiß auch, daß ich noch weitere Kenntnisse erwerben muß. Deshalb schaue ich mich nach etwas Neuem um. Ich erwarte einen Manager, der mir hilft, meine Fähigkeiten zu entwickeln und mit ihm zu wachsen.«

❑ *Was halten Sie von Ihrem jetzigen/letzten Chef?*

Kurz, nett und kein Wort mehr. Bewerber, die über ihre Arbeitgeber klagen, gelten als diejenigen, die in der Abteilung am meisten Zwietracht säen. Wenn man Ihnen diese Frage stellt, bedeutet das, daß der Interviewer keine Lust hat, sich Ärger aufzuhalsen. »Ich mochte ihn als Mensch, respektiere ihn beruflich und schätze seine Führung.« An diese Frage schließt sich oft eine zweite an, die Ihre Aussage zu verifizieren versucht.

❑ *Beschreiben Sie eine Situation, in der Ihre Arbeit oder eine Ihrer Ideen kritisiert wurde.*

Eine doppelt gefährliche Frage. Man fordert Sie auf, zu sagen, wie Sie mit Kritik fertigwerden, und Ihre Fehler genau darzustellen. Wenn man Ihnen diese Frage stellt, beschreiben Sie eine schlechte *Idee,* die kritisiert wurde, keine schlechte *Arbeit*. Schlechte Arbeit kann Geld kosten und ist für den Interviewer ein klares Warnzeichen.

Es gehört mit zu dem Wunderbarsten an einer neuen Stelle, daß Sie die Vergangenheit ganz hinter sich lassen können, also ist es egal, wie Sie früher mit Kritik fertig geworden sind. Was zählt, ist, wie der Interviewer *wünscht,* daß Sie mit Kritik fertig werden, falls es einmal seine unangenehme Pflicht sein sollte, Sie zurechtzuweisen – darauf bezieht sich die Frage eigentlich. Erzählen Sie also eine von diesen Anekdoten nach dem Motto »Es schien damals eine gute Idee zu sein«, und erläutern Sie zum Schluß, wie Sie die Kritik aufnahmen. Sie können sagen: »Ich hörte aufmerksam zu und widerstand der Versuchung, meinen Chef zu unterbrechen oder mich zu verteidigen. Dann fragte ich zurück, um sicherzustellen, daß die Fakten stimmten. Ich bat um Rat, wir spielten einige Ideen durch, und ich kam später zurück und unterbreitete meine Idee in einer praxisnäheren Form. Die Kritik meines Vorgesetzten war sehr nützlich.«

❑ *Erzählen Sie von sich.*

Das ist keine Aufforderung, drauflloszuplappern. Sie müssen mehr über die Frage wissen, bevor Sie antworten: »Welcher Bereich meiner Vorgeschichte interessiert Sie am meisten?« Das hilft dem Interviewer, den Bereich so einzugrenzen, daß Sie nicht über Belanglosigkeiten reden müssen. Beantworten Sie diese Frage nie, bevor Sie herausgefunden haben, ob der Interviewer etwas über Ihr Berufs- oder Ihr Privatleben hören will. Unabhängig davon, wie der Interviewer auf Ihre nachhakende Frage antwortet, sollte die Geschichte, die Sie erzählen, eines oder mehrere der zentralen Persönlichkeitsprofile veranschaulichen. Möglicherweise Ehrlichkeit, Integrität, Teamgeist oder Entschlossenheit. Wenn Sie sich für ›Teamgeist‹

entscheiden, könnte Ihre Antwort etwa folgendes beinhalten: »Ich gehe ganz auf in allem, was ich tue, ob Sport oder Arbeit. Ich finde, daß das Leben erfreulicher und produktiver wird, wenn man mit seinen Arbeitskollegen zurechtkommt und zu einem Team gehört.«

❑ *Nennen Sie ein Beispiel, das Ihre Initiative zeigt.*

Die Frage erkundet, ob Sie ein ›Macher‹ sind, jemand, der nach Wegen sucht, den Umsatz zu steigern, Zeit zu gewinnen und Geld zu sparen. Ein Mensch, der seinem Vorgesetzten hin und wieder eine angenehme Überraschung bereitet, der seinen Mitarbeitern das Leben erleichtert. Achten Sie jedoch darauf, daß in dem Beispiel Ihrer Initiative keine Mißachtung der Politik und Verfahren des Unternehmens zum Ausdruck kommt.

»Mein Chef muß viele Treffen organisieren. Deshalb erstelle ich Tagesordnungen, informiere rechtzeitig die Mitarbeiter im ganzen Land, lasse Materialien drucken usw. Die meisten Leute in meiner Position sitzen herum und warten darauf, daß man ihnen Arbeit gibt. Ich nicht. Jedes Quartal setze ich mich mit meinem Chef zusammen und notiere mir die Termine all seiner Treffen im kommenden halben Jahr. Ich erledige dann sofort die Hotelreservierungen und Reiseplanungen und arbeite mich von dort aus in umgekehrter Richtung vor. Ich stelle mir selbst Fragen wie die folgende: »Wenn die Tagesordnung für die Juli-Konferenz die Teilnehmer mindestens sechs Wochen zuvor erreichen soll, wann muß sie dann fertig sein?« Dann präsentiere ich einen Termin. Das mache ich für alle größeren Veranstaltungen bei allen Konferenzen. Ich schreibe die Termine – erst zwei Wochen davor – in seinen und meinen Kalender. Auf diese Weise erinnere ich meinen Chef daran, daß der Termin näherrückt. So ist er der am besten vorbereitete, lockerste Manager im ganzen Unternehmen. Keiner seiner Kollegen begreift, wie er das macht.«

❏ *Nennen Sie einige Dinge, bei denen Sie und Ihr Vorgesetzter nicht einer Meinung waren.*

Es ist am sichersten, zu sagen, daß das nicht vorkam.

❏ *In welchen Bereichen hätte Ihrer Meinung nach Ihr Vorgesetzter bessere Arbeit leisten können?*

Das gleiche gilt hier. Niemand bewundert nachträgliche Einsicht.

Sie könnten antworten: »Ich hatte vor meinem Vorgesetzten immer den größten Respekt. Ich war immer so sehr damit beschäftigt, von Herrn Maier zu lernen, daß ich nicht glaube, er hätte etwas besser machen können. Er hat mich wirklich soweit gebracht, daß ich offen für größere Herausforderungen bin. Deshalb bin ich ja hier.«

❏ *Nennen Sie einige Verhaltensweisen Ihres Vorgesetzten, die Ihnen mißfielen.*

Wenn der Interviewer und Sie beispielsweise Nichtraucher sind und Ihr Chef nicht, führen Sie das an. Abgesehen davon: »Ich habe unsere Beziehung nie vom Standpunkt der Sympathie oder Antipathie aus betrachtet. Für mich bestand unsere Aufgabe immer darin, miteinander auszukommen und die Arbeit zu erledigen.«

❏ *Wie zufrieden war Ihr Chef Ihrer Meinung nach mit Ihrer Arbeitsleistung?*

Diese Frage ist ein sehr plausibler Grund, schriftliche Beurteilungen Ihrer Arbeit zu erbitten, bevor Sie ein Unternehmen verlassen. Statt zu antworten, präsentieren Sie die lobenden Zeugnisse.

Viele Arbeitszeugnisse enthalten eine Bewertung der Fähigkeit, größere Herausforderungen anzunehmen; Ihres vielleicht auch. Wenn Sie *keine* schriftlichen Referenzen haben, könnten Sie so antworten: »Mein Vorgesetzter war mit meiner Arbeitsleistung immer sehr zufrieden. Tatsächlich stufte man mich als einen Mitarbeiter ein, der weitere Verantwortung übernehmen könne. Das Problem war, daß in der Firma nichts Entsprechendes verfügbar war, deshalb bin ich hier.«

❑ *Wie sehr interessieren Sie sich für Sport?*

Eine kürzlich abgeschlossene Umfrage unter amerikanischen mittleren und höheren Managern ergab, daß jene Führungskräfte, die Gruppensport und Gruppenaktivitäten zu Ihren Freizeitbeschäftigungen zählten, durchschnittlich 8000 DM pro Jahr *mehr* verdienten als ihre untätigen Kollegen. Sind Sie nicht auch ein Fußballfan, ganz plötzlich? Der Interviewer erwartet Ihr Engagement in Gruppen als Zeichen dafür, daß Sie wissen, wie man mit anderen zurechtkommt und wie man als Team an einem Strang zieht.

»Die meisten Mannschaftssportarten machen mir wirklich Spaß. Hab' nicht viel Zeit, mir das zu gönnen, aber ich gehöre zu den Stammspielern der Fußballmannschaft meiner Firma.« Neben Mannschaftssport werden auch Ausdauersportarten für Zeichen der Entschlossenheit gehalten: Schwimmen, Laufen, Radfahren – alle sind akzeptabel.

Seien Sie vorsichtig bei der Erwähnung übermäßiger sportlicher Aktivität, die zu Ihrem Ausfall führen können. Wenn Sie keinen Sport treiben, begründen Sie das mit anderen körperlichen Aktivitäten in Haus und Garten oder mit häufigen Spaziergängen.

❑ *Welche persönlichen Eigenschaften sind nötig, um auf Ihrem Gebiet erfolgreich zu sein?*

Sie kennen die Antwort darauf, sie besteht in einer kurzen Aufzählung der zentralen Persönlichkeitsprofile.

Sie könnten sagen: »Um in meinem Gebiet erfolgreich zu sein? Elan, Motivation, Energie, Selbstvertrauen, Entschlossenheit, kommunikative Fertigkeit und analytische Kenntnisse. Selbstverständlich kombiniert mit der Fähigkeit, mit anderen zusammenzuarbeiten.«

❑ *Arbeiten Sie lieber zusammen mit anderen oder lieber allein?*

Man stellt Ihnen gewöhnlich diese Frage, um festzustellen, ob Sie ein Teamspieler sind. Bevor Sie jedoch antworten, sollten Sie sicher sein, ob die Stelle es *erfordert,* daß Sie allein arbeiten. Antworten Sie entsprechend. Vielleicht: »Ich arbeite, wenn nötig, auch allein. Ich muß mich dann nicht ständig rückversichern. Aber eigentlich arbeite ich lieber in einer Gruppe. Denn es wird sehr viel mehr erreicht, wenn man am gleichen Strang zieht.«

❑ *Erzählen Sie mir eine Geschichte.*

Oje! Was in aller Welt bezweckt der Interviewer mit dieser Frage? Sie wissen es nicht, bis Sie ihn dazu bringen, genauer zu werden. Fragen Sie: »Worüber möchten Sie eine Geschichte hören?« Mit jeder anderen Antwort riskieren Sie, sich lächerlich zu machen. Diese Frage wird sehr oft gestellt, um herauszufinden, wie analytisch Sie denken: Jemand, der diese Frage beantwortet, ohne Näheres in Erfahrung zu bringen, zeigt, daß er Sachverhalte nicht gründlich durchdenkt. Die folgende Frage wird sich entweder auf Ihr Privat- oder auf Ihr Berufsleben beziehen. Bezieht sie sich auf Ihr Privatleben, dann erzählen Sie eine Geschichte, die zeigt, daß Sie Menschen gern haben und zielstrebig sind. Erörtern Sie auf keinen Fall Ihr Liebesleben. Wenn die folgende Frage sich auf Ihr Berufsleben bezieht, könnte sie so lauten:

❑ *Was haben Sie aus Ihren früheren Tätigkeiten gelernt?*

Sprechen Sie auf jeden Fall über die Kompetenzen, die Sie sich angeeignet haben. Viele Bewerber hatten Erfolg, indem sie ihre Antwort so beendeten: »Es gibt zwei allgemeine Regeln, die ich aus meinen früheren Tätigkeiten lernte. Die erste lautet: Wenn du verwirrt bist, frage. Es ist besser, eine naive Frage zu stellen, als einen dummen

Fehler zu machen. Die zweite lautet: Es ist besser, weniger zu versprechen und mehr zu leisten.«

❑ *Definieren Sie Zusammenarbeit.*

Diese Frage fordert Sie auf, zu erläutern, wie man sich als Teamspieler am Arbeitsplatz verhalten soll. Sie können so antworten: »Zusammenarbeit ist die Fähigkeit einer Person, ihre persönlichen Wünsche und Überzeugungen immer, wenn es nötig ist, hintanzustellen, um dafür zu sorgen, daß die Abteilung ihre Ziele erreicht. Sie ist auch der Wunsch einer Person, zu einem Team zu gehören und durch harte Arbeit und guten Willen aus der Abteilung ein Ganzes zu machen, das mehr ist als die Summe seiner Teile.«

❑ *Welche Schwierigkeiten haben Sie, Mitarbeiter mit einer anderen Ausbildung und anderen Interessen als Ihren zu tolerieren?*

Eine weitere ›Teamspieler‹-Frage, mit der unangenehmen Prämisse, Sie *hätten* Probleme. Antworten Sie: »Überhaupt keine.«

Wenn Sie jetzt meinen, das Bewerbungsgespräch sei nur für den Befragten schwierig, ist es Zeit, einen Blick auf die andere Seite des Schreibtischs zu werfen.

Kapitel 13

Die andere Seite des Schreibtischs

Es gibt *zwei* furchtbare Plätze während des Bewerbungsgesprächs: vor dem Schreibtisch zu sitzen und sich zu wundern, was in aller Welt als nächstes passieren wird. Und hinter dem Schreibtisch zu sitzen und die Fragen zu stellen. Der durchschnittliche Interviewer fürchtet sich vor dem Treffen fast genauso wie der Proband, jedoch aus entgegengesetzten Gründen.

In der Wirtschaft erliegt man häufig dem irrtümlichen Glauben, daß jeder durch seine Beförderung in die Reihen des Managements auf geheimnisvolle Weise alle nötigen Führungsfähigkeiten erwerbe. Das ist ein Trugschluß. Vergleichsweise wenigen Führungskräften wurde beigebracht, ein Bewerbungsgespräch zu führen. Die meisten stümpern mehr oder weniger vor sich hin und erwerben erst über längere Zeit ein gewisses Können.

Es gibt zwei verschiedene Typen von Interviewern, die Ihnen zum Verhängnis werden können, wenn Sie unvorbereitet sind. Das ist einmal der hochqualifizierte Interviewer, dem systematische Techniken beigebracht wurden, um Ihre Vergangenheit auf alles Wesentliche hin zu untersuchen und Ihr Leistungspotential zu beurteilen. Und zum anderen der völlig inkompetente Interviewer, dem es vielleicht nicht einmal gelingt, seine Fragen angemessen zu formulieren.

Das strukturierte Bewerbungsgespräch

Geschickte Interviewer wissen genau, worauf sie hinauswollen. Sie haben sehr viel Mühe darauf verwandt, jene

Strategien zu lernen, die ihnen helfen, nur die Besten für ihr Unternehmen auszuwählen. Sie halten sich bei dem Befragungsablauf an einen festen Plan, um eine objektive Auswahl zu garantieren, und an eine feste Serie von Fragen, um sicherzustellen, daß alle wichtigen Fakten zusammengetragen werden. Dieser Interviewer testet auf jeden Fall Ihren Arbeitseifer.

Es gibt viele Möglichkeiten für einen Interviewer, ein strukturiertes Interview zu entwerfen und zu führen, aber alle haben die gleichen Ziele:

- Ihren beruflichen Werdegang und ihre arbeitsbezogenen Fähigkeiten systematisch zu erfassen;
- alle relevanten Fakten zu sammeln;
- mit einer einheitlichen Strategie alle Stellenbewerber objektiv zu bewerten.

Jemand, der strukturierte Interviewtechniken benutzt, wird gewöhnlich einem Standardmuster folgen. Das Bewerbungsgespräch wird mit einer belanglosen Plauderei und einer kurzen Einleitung beginnen, um Sie zu entspannen. Daran schließt sich unmittelbar eine Erklärung an, die Sie glauben machen soll, daß das Eingeständnis Ihrer Fehler der beste Weg ist, die Stelle zu bekommen. Der Interviewer skizziert dann die einzelnen Schritte des Bewerbungsgesprächs. Dazu gehört, daß Sie eine chronologische Beschreibung Ihres beruflichen Werdegangs geben und der Interviewer einige Fragen über Ihre Berufserfahrung stellt. Vor dem Ende des Bewerbungsgesprächs wird man Ihnen schließlich Gelegenheit geben, selbst Fragen zu stellen.

Hört sich recht einfach an, nicht wahr? Aber Vorsicht! Der versierte Interviewer weiß genau, warum und in welcher Reihenfolge er bestimmte Fragen stellt und wie die gewünschten Antworten aussehen. Jeder Bewerber für die Stelle wird in genau der gleichen Weise befragt und beurteilt. Sie haben es mit einem Profi zu tun.

Wie der Jäger, der lernt, wie sein Opfer zu denken, läßt sich der Interviewer am ehesten dadurch besiegen, daß

Sie genau wie er denken. Seien Sie noch etwas gerissener: Sie müssen gewinnen, aber Sie wollen nicht, daß die anderen merken, daß Sie sie in ihrem eigenen Spiel schlagen. Dazu müssen Sie herausfinden, wie der Interviewer sich auf Sie vorbereitet hat; und indem Sie den gleichen Prozeß durchlaufen, werden Sie Ihre Mitbewerber aus dem Felde schlagen.

Den gefährlichen Teil dieser Art von Bewerbungsgespräch nennt man ›Kompetenzbewertung‹. Der Interviewer hat all die verschiedenen Fähigkeiten analysiert, die für die Stelle erforderlich sind, und alle Persönlichkeitsmerkmale, die diese Fähigkeiten ergänzen. Mit dieser Information gerüstet, hat er eine Reihe sorgfältig geordneter Fragen entwickelt, um Ihre relativen Stärken und Schwächen herauszufinden.

Wenn man das graphisch veranschaulicht, ergibt sich das Diagramm auf S. 132. Die Buchstaben A–F entsprechen den einzelnen Fähigkeiten, die für die Stelle nötig sind; die Zahlen 1–20 sind die Fragen, die man stellt, um die spezifische Fähigkeit nachzuweisen und zu bestätigen.

An dieser Stelle werden viele der kniffligen Fragen auftauchen. Der einzige Weg, sich wirkungsvoll vorzubereiten, ist der, den Standpunkt des Interviewers zu übernehmen und diese Übung vollständig zu absolvieren:

- Analysieren Sie die Position, die Sie anstreben. Welche Rolle spielt sie bei der Erfüllung des unternehmerischen Auftrags der Firma und der Gewinnmaximierung?
- Welches sind die fünf wichtigsten Aufgaben der Stelle?
- Vom Management-Standpunkt aus gesehen: Welches sind die zur Erfüllung jeder dieser Aufgaben nötigen Fähigkeiten und Eigenschaften?

Schreiben Sie alles auf. Diese Übung erfordert eine gewisse Objektivität, aber sie wird Ihnen mehrere Stellenangebote eröffnen.

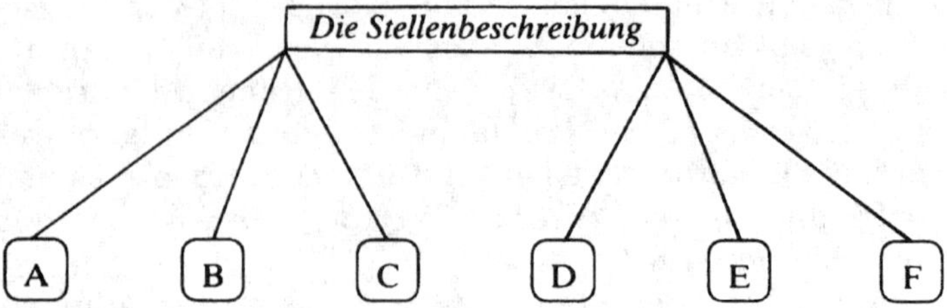

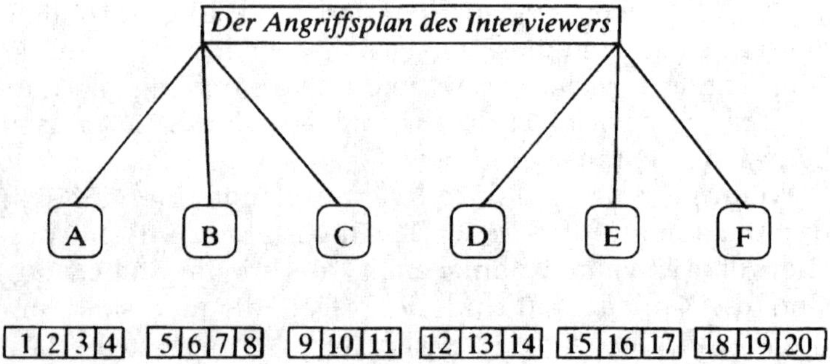

Versetzen Sie sich jetzt in die Lage des Interviewers. Welche Themen würden Sie anschneiden, um herauszufinden, ob jemand der Arbeit wirklich gewachsen ist? Wenn Sie aus irgendeinem Grund dabei nicht weiterkommen, greifen Sie einfach auf Ihre früheren Erfahrungen zurück. Sie haben mit guten und schlechten Menschen zusammengearbeitet. Ihre Arbeitsgewohnheiten und Fähigkeiten werden es Ihnen ermöglichen, sowohl die potentiellen Fragen als auch die richtigen Antworten zu formulieren.

Jede Arbeitsqualifikation, die Sie entdecken, ist ein fruchtbarer Boden für die Fragen des Interviewers. Vergessen Sie nicht die immateriellen Werte, die für viele Arbeiten so wichtig sind, z. B. Selbstvertrauen oder Kreativität, denn der Interviewer wird garantiert daran denken. Entwickeln Sie eine Reihe von Fragen zu jeder Arbeitsqualifikation, die Sie entdecken.

Wenn Sie nun wieder auf ehemalige Arbeitskollegen zurückschauen (und immer noch die Rolle des Managers spielen), welche Ihrer persönlichen Eigenschaften würden Ihnen als Manager dann das Leben erleichtern bzw. erschweren? Auch das sind Dimensionen, die der Interviewer wahrscheinlich erforschen wird. Wenn Sie erst einmal die Fragen formuliert haben, die Sie als Manager stellen würden, müßten Ihnen die Antworten leichtfallen.

Das ist die Methode, nach denen Managern beigebracht wird, strukturierte Interviewfragen zu stellen. Ich habe Ihnen nun die Innenansicht gezeigt. Vervollständigen Sie die Übung, indem Sie sich jene Antworten überlegen, die Sie als Manager gern hören würden. Nehmen Sie sich Zeit, die Übung gewissenhaft abzuschließen, und notieren Sie sich sowohl die Fragen als auch die passenden Antworten.

Der professionelle Interviewer

Diese Haie führen Sie gern mit Fangfragen aufs Glatteis, um Ihre Kompetenz, Einstellung und Persönlichkeit zu erforschen. Wollen Sie ein paar davon hören? Denken Sie daran, daß in diesem Abschnitt alle Fragen ein Problem aufwerfen. Fast alle Fragen sind zweiteilig, manche auch dreiteilig. Folgende Zusatzfrage können Sie allen anfügen: »Was haben Sie aus dieser Erfahrung gelernt?« Behalten Sie das immer im Auge, wenn man Ihnen eine dieser Fragen stellt; Sie werden so verschiedene Aspekte Ihres Erfolgsprofils verkaufen können.

❑ *Man hat Ihnen ein Projekt anvertraut, das von Ihnen verlangt, mit verschiedenen Ebenen innerhalb des Unternehmens zusammenzuarbeiten. Wie gehen Sie vor? Mit welchen Ebenen kommen Sie am besten zurecht?*

Das ist eine zweiteilige Frage, die Ihr Selbstvertrauen testet. Der erste Teil fragt, wie Sie mit Vorgesetzten zusammenarbeiten und wie Sie jene motivieren, die unter Ihrer Leitung an dem Projekt arbeiten. Der zweite Teil der Frage meint: »Sagen Sie mir, zu welcher Ebene Sie sich zählen; helfen Sie mir, Sie zu etikettieren und zu kategorisieren.« Um diese Punkte abzudecken, sollten Sie sich im wesentlichen folgendermaßen äußern: »Bei einem Projekt dieser Art habe ich es hauptsächlich mit zwei Kategorien von Mitarbeitern zu tun. Erstens mit meinen Vorgesetzten, die die endgültige Verantwortung für den Erfolg tragen. Gemeinsam mit ihnen lege ich die Fristen fest und lasse mir erklären, wie sie den Erfolg des Projekts bewerten wollen. Ich skizziere meinen Ansatz, zerlege das Projekt in Teile und lasse mir sowohl den Ansatz als auch die Kosten genehmigen. Ich würde meine Vorgesetzten regelmäßig über den neuesten Stand informieren und gegebenenfalls um Rat ersuchen. Meine Vorgesetzten würden drei Dinge von mir erwarten: die Fakten, eine Analyse potentieller Probleme und daß ich mich nicht einschüchtern lasse, da sonst der Erfolg des Projekts gefährdet wäre. Ich würde alle diese Erwartungen zweifellos erfüllen.

Die andere Personengruppe, mit der ich bei einem solchen Projekt zusammenarbeite, umfaßt meine Kollegen und Untergebenen. Ich würde ihnen das Projekt kurz umreißen und ihnen erklären, inwiefern ein erfolgreicher Abschluß im Interesse des Unternehmens liegt. Ich würde die einzelnen Aufgaben jenen anvertrauen, die sich jeweils am besten dazu eignen, und Nachfaßzeiten festsetzen, um einen termingerechten Abschluß zu sichern. Meine Aufgabe bestünde hier darin, zu führen, zu motivieren und die verschiedenen Persönlichkeitstypen zusammenzubringen, um ein Team zu bilden.

Was die Kooperation anbelangt, so finde ich, daß dieser Ansatz es mir ermöglicht, mit allen Ebenen und Menschengruppen gut zusammenzuarbeiten.«

❑ *Berichten Sie mir von einem Ereignis, das eine wirkliche Herausforderung für Sie war. Wie haben Sie die Herausforderung bestanden? In welcher Hinsicht hat sich Ihr Ansatz von dem anderer Kollegen unterschieden?*

Zunächst sollten Sie das Problem umreißen. Je schwärzer Sie die Situation schildern, um so besser. Dann erläutern Sie Ihre Lösung, deren Nutzen für Ihren Arbeitgeber, und in welcher Hinsicht sie sich von anderen Ansätzen unterschied.

»Meine Firma ist eine Verkaufsorganisation; ich war für 70 Verkaufsbüros im ganzen Land verantwortlich. Meine Aufgabe war es, jedes Büro einmal im Jahr aufzusuchen, mit den Leitern Absatzstrategien zu entwerfen und das Verkaufspersonal zu schulen und zu motivieren. Dann kam die Rezession. Es war nach wie vor nötig, das Verkaufspersonal zu betreuen, aber wir konnten die Reisekosten nicht mehr rechtfertigen.

Die Arbeitsmoral war ein besonders wichtiger Faktor; man kann es nicht hinnehmen, daß das Verkaufspersonal sich demotiviert fühlt. Ich verteilte mein reduziertes Budget neu und tat folgendes: Ich erhöhte drastisch meine telefonischen Kontakte mit den Büros. Ich führte ein monatliches Rundschreiben über Verkaufstechniken ein – es enthielt Anregungen, wie man neue Kunden wirbt, wie man schwierige Kaufverträge aushandelt etc. Ich kaufte und lieh Videobänder über Verkäuferschulung und Motivation aus und schickte sie den Büroleitern mit Anweisungen, wie sie sie in Besprechungen mit dem Verkaufspersonal einsetzen sollten. Ich stellte meine Bürobesuche ein. Statt dessen plante ich Wochenend-Schulungskurse an zentral gelegenen Orten in meinem gesamten Bereich: einen Tag Verkäufer-Schulung und einen Tag Führungskräfte-Schulung. Dabei wurde unter anderem erörtert, wie man Besprechungen mit dem Verkaufspersonal leitet und schlechten Herstellern vorzeitig kündigt.

Während meine Kollegen sich über einen Absatzrückgang beklagten, stieg mein Absatz, wenn auch nur um bescheidene sechs Prozent. Nach einem halben Jahr übernahm das Unternehmen offiziell meine Methode.«

- *Geben Sie mir ein Beispiel für eine Arbeitsmethode, die Sie verwendet haben. Wie waren Sie damit zufrieden?*

Sie haben die Wahl, entweder das Beispiel einer guten oder das einer schlechten Arbeitsmethode anzuführen. Schildern Sie ein gutes Beispiel, eines, das Ihr Verständnis der Unternehmensziele, Ihr Organisationsgeschick, Ihre analytischen Fähigkeiten und Ihr Talent für Zeitplanung demonstriert.

Sie könnten sagen: »Ich finde es richtig, für mein Tagesgehalt auch eine anständige Tagesleistung zu erbringen. Das erfordert Organisation und Zeitplanung. Ich erledige die Schreibarbeiten kurz vor Feierabend, wenn ich die Tagesergebnisse überprüfe. Danach plane ich den nächsten Tag. Wenn ich morgens zur Arbeit komme, kann ich voll einsteigen, ohne Zeit zu verlieren. Ich versuche, Besprechungen kurz vor die Mittagspause zu legen; die Leute kommen schneller zur Sache, wenn es sie ihre eigene Zeit kostet. Ich glaube, das ist eine der effizientesten und systematischsten Arbeitsmethoden.«

- *Als Sie bei Ihrer letzten Firma angefangen und Ihre neuen Arbeitskollegen zum erstenmal getroffen haben, wie fühlten Sie sich da? Wie sind Sie mit ihnen zurechtgekommen?*

Ihre Antwort sollte folgendes beinhalten: »Ich war natürlich etwas nervös, aber ich freute mich auch sehr auf die neue Arbeit. Ich habe diese Freude meine neuen Kollegen spüren lassen und sagte ihnen, daß ich gern neue Kenntnisse von ihnen erwerben wollte. Ich war offen und freundlich, und wenn mir Gelegenheit gegeben wurde, selbst jemandem zu helfen, war ich sofort zur Stelle.«

- *Wie planten Sie in Ihrer letzten Position das Führen eines Bewerbungsgesprächs?*

Das ist leicht. Beschreiben Sie einfach, wie der versierte Interviewer sich vorbereitet.

❑ *Was würden Sie tun, wenn Sie eine Entscheidung treffen müßten und keine Richtlinien dafür hätten?*

Diese Frage erkundet Ihre analytischen Fähigkeiten, Ihre Integrität und Ihr Engagement. In erster Linie jedoch testet der Interviewer, inwieweit Ihre Arbeitsweise zum Stil des Unternehmens paßt. Sie müssen darauf folgendermaßen eingehen: »Ich würde nur dann ohne Weisung meines Vorgesetzten handeln, wenn es eilt und mein Vorgesetzter nicht verfügbar wäre. In diesem Fall würde ich die Sache in die Hand nehmen, eine Entscheidung treffen und in die Tat umsetzen. Ich würde meinen Chef bei der ersten sich bietenden Gelegenheit davon unterrichten.« Illustrieren Sie das, wenn möglich, an einem Beispiel.

Es gibt zwei Fragen, die jeder geschickte Interviewer stellt, besonders wenn Sie bis dahin gute Antworten gegeben haben. Er wird nach einem ›negativen Gegenbeispiel‹ suchen. Etwa so:

❑ *Das ist eine ausgezeichnete Antwort, Fräulein Maier. Nun, um mir ein ausgewogenes Bild zu verschaffen, würden Sie mir einen Fall schildern, der nicht so gut klappte?*

Mit dieser Frage fordert man Sie auf, ein Beispiel Ihrer Unzulänglichkeit zu liefern. Der Trick besteht darin, mit einem Vorfall aus der Vergangenheit, und nicht aus der Gegenwart aufzuwarten und am Schluß zu erwähnen, was Sie aus dieser Erfahrung gelernt haben. Zum Beispiel: »Das ist leicht. Als ich neu in der Firma war, verstand ich die Bedeutung der Regeln und Verfahren noch nicht so recht. Anfangs war ich zu ängstlich, etwas beizusteuern, und mir fehlte der volle Überblick. Jeder mußte ein Berichtsformular ausfüllen, nachdem er einen Kunden besucht hatte. Ich gab mir immer sehr viel Mühe, bis ich merkte, daß es nie gelesen, sondern einfach abgeheftet wurde. Also hörte ich für ein paar Tage damit auf, um zu sehen, ob sich etwas änderte. Ich glaubte Zeit zu gewinnen, um so mehr Verkäufe für die

Firma machen zu können. Ich war so stolz auf meine zusätzlichen Vertreterbesuche, daß ich es meinem Chef am Ende der Woche erzählte. Mein Chef erklärte mir, daß die Unterlagen auf lange Sicht angelegt würden, so daß im Falle meines Weggangs mein Nachfolger von den Kundenkarteien profitieren würde. Das liegt lange zurück, aber ich habe die Lektion *nie* vergessen: Regeln und Verfahrensweisen haben wohl immer ihren Grund. Seitdem hatte ich die bestgeführten Unterlagen in der ganzen Firma.«

Der geschickte Interviewer wird dann nach einer ›negativen Bestätigung‹ suchen, indem er sagt: »Danke, können Sie mir jetzt noch ein weiteres Beispiel geben?« Der Interviewer versucht eine Schwäche zu bestätigen. Wenn Sie ihm dabei helfen, dann könnten Sie sich sehr schnell um die Stelle bringen.

Sie reagieren so: Sie sitzen für gut zehn Sekunden tief in Gedanken versunken, dann schauen Sie auf und sagen bestimmt: »Nein, das ist das einzige Mal, daß so etwas vorkam.« Schweigen Sie und widerstehen Sie weiteren Verführungen.

Der inkompetente Interviewer

Jetzt dürften Sie auf fast alles vorbereitet sein, womit ein professioneller Interviewer Sie drangsalieren könnte. Ihr Weitblick und Ihre Planung werden in allen Lagen mehrere Stellenangebote für Sie herausholen, nur in einer nicht, und zwar wenn Sie dem ›unbewußt inkompetenten‹ Interviewer gegenübersitzen. Diese eine Situation gefährdet Ihre Einstellungschancen wahrscheinlich mehr als alles andere zusammengenommen.

Das Problem verkörpert sich in dem erfahrenen Manager, der ein schlechter Interviewer ist, es aber nicht weiß. Dieser Typ verläßt sich bei seinen Personalentscheidungen bewußt oder unbewußt auf ›Erfahrung‹, ›Menschenkenntnis‹ und ›Intuition‹. Ich bezeichne ihn als ›unbewußt inkompetent‹. Vermutlich sind Sie einer solchen Person in Ihrem Leben schon einmal begegnet. Erinnern Sie sich, wie Sie einmal aus einem Bewerbungsgespräch kamen und beim Nachdenken das Gefühl hatten, der Interviewer habe rein gar nichts über Sie oder Ihre Fähigkeiten herausgefunden? Wenn ja, dann wissen Sie, wie frustrierend das sein kann. Hier erfahren Sie, wie Sie diese schwierige Situation zu Ihrem Vorteil wenden können. In Zukunft werden Ihnen gute Manager, die schlechte Interviewer sind, weitaus häufiger als je zuvor Stellen anbieten. Sie müssen begreifen, daß ein schlechter Interviewer ein ausgezeichneter Manager sein kann. Die Interviewkompetenz wird erworben, sie ist nicht angeboren und auch keine mystische Gabe.

Unbewußt inkompetente Interviewer gibt es in Fülle. Deren erschreckendes Unvermögen kann nur noch von Ihrer eigenen Unfähigkeit übertroffen werden, die sich bietende Gelegenheit *zu erkennen und auszunützen.*

Wie beim Umgang mit dem geschickten Interviewer ist es auch hier nötig, sich vorzustellen, wie der unbewußt Inkompetente denkt und fühlt.

Es gibt viele Erscheinungsformen des schlechten Interviewers. Folgen Sie nach jedem Beispiel den Anweisungen für die geeignete Bewältigung der spezifischen Probleme, vor die Sie jeder Typ stellt.

Beispiel 1:

Auf dem Schreibtisch des Interviewers herrscht ein Wirrwarr, und der Lebenslauf bzw. die Bewerbung, die ihm ein paar Minuten zuvor überreicht wurden, sind nicht auffindbar.

Ihre Reaktion: Lassen Sie sich von dieser Schlamperei nicht aus der Ruhe bringen, und helfen Sie ihm suchen. Schauen Sie sich im Zimmer um. Atmen Sie tief und langsam, um Ihr natürliches Lampenfieber zu beruhigen. Ebenso wie Ihr Adrenalin bekommen Sie auf diese Weise auch den Interviewer und das Bewerbungsgespräch unter

Kontrolle. Dieses erste Beispiel ist gewöhnlich das allgemeinste Kennzeichen des unbewußt Inkompetenten.

Beispiel 2:

Der Interviewer wird ständig durch das Telefon oder von eintretenden Personen unterbrochen.

Ihre Reaktion: Hier bieten sich gute Chancen, sich zu verkaufen. Notieren Sie sich auf Ihrem Notizblock, wo Sie stehengeblieben waren, und erinnern Sie den Interviewer daran, wenn Sie Ihr Gespräch fortsetzen. Er wird von Ihrem kühlen Kopf und Ihrem guten Gedächtnis beeindruckt sein. Diese Unterbrechungen geben Ihnen vielleicht auch Zeit, im Büro etwas zu entdecken, das von gemeinsamem Interesse ist und das Sie zu Komplimenten veranlassen kann. Sie werden auch Zeit haben, ein geeignetes Wertprofil zu entwerfen, mit dem Sie das Gespräch dort fortsetzen können, wo Sie gerade unterbrochen worden waren.

Beispiel 3:

Das ist der Interviewer, der damit anfängt, zu erklären, warum sie beide da sitzen, und der das Gespräch dann zu einer langatmigen Kritik an dem Unternehmen ausarten läßt.

Ihre Reaktion: Zeigen Sie Interesse an dem Unternehmen und dem Gespräch. Sitzen Sie gerade, schauen Sie aufmerksam (die anderen Bewerber schlafen vermutlich ein), murmeln Sie verständnisvoll, und nicken Sie in den passenden Momenten, außer in Pausen. In diesem Fall weisen Sie darauf hin, daß Sie diese Hintergrundinformation über das Unternehmen sehr zu schätzen wissen, weil Sie jetzt genauer sehen können, wie sich die Position in das allgemeine Arbeitsschema einfügt; daß Sie beispielsweise erkennen, wie nützlich kommunikative Fähigkeiten für die Stelle wären. Bitten Sie den Interviewer, Ihnen einige andere Arbeitsplatzanforderungen zu nennen. Wenn er dann die Arbeitsaufgaben beschreibt, können Sie passende Informationen über Ihre Vorbildung einwerfen: »Wäre es nützlich, Herr Schmidt, wenn ich meine Erfahrung mit ... beschreiben würde?«

Beispiel 4:

Der Interviewer beginnt sofort oder nach kurzer Zeit mit den Schattenseiten der Stelle. Vielleicht beschreibt er die Stelle auch nur in negativen Worten. Dabei gibt er Ihnen häufig keine ausgewogene Darstellung der Pflichten und Aussichten der Stelle.

Ihre Reaktion: Eine einleitende Negativbeschreibung bedeutet immer, daß der Interviewer schlechte Erfahrungen mit Personal für diese Position gemacht hat. Ihre Aufgabe ist es, sich in seine schlechten Erfahrungen *einzufühlen* (nicht mitzuleiden) und klarzustellen, daß Sie die Bedeutung von (beispielsweise) *Zuverlässigkeit* einsehen, besonders bei dieser speziellen Arbeit. (Sie werden in diesen Fällen immer wieder feststellen, daß Ihrem Interviewer in der Vergangenheit nur jemand fehlte, der gründlich über die entscheidenden Werte Bescheid wußte.) Illustrieren Sie Ihr Können in diesem speziellen Aspekt Ihres Berufes an einem kurzen Beispiel aus Ihrem beruflichen Werdegang. Schließen Sie Ihre Ausführungen mit der Bitte an den Unternehmensvertreter, Ihnen einige der größten Probleme zu nennen, mit denen Sie bei dieser Arbeit konfrontiert würden. Diese Fragen beweisen Ihre Intelligenz, und die Antworten des Interviewers deuten auf jene Bereiche Ihrer Vorbildung und Ihrer Fähigkeiten hin, auf die Sie Ihre Aufmerksamkeit richten sollten.

Beispiel 5:

Der Interviewer wird zu Anfang des Bewerbungsgesprächs sehr viel Zeit darauf verwenden, zu beschreiben, »was für Menschen hier in der Firma arbeiten«.

Ihre Reaktion: Ganz einfach. Sie haben schon immer für eine Firma mit dieser Atmosphäre arbeiten wollen. Sie erzeugt ein Arbeitsumfeld, das für einen Mitarbeiter förderlich ist, der wirklich sein Bestes gibt.

Beispiel 6:

Der Interviewer stellt Ihnen Entscheidungsfragen. Diese Fragen verlangen nur eine Ja-/Nein-Antwort (z. B.: »Achten Sie auf Details?«). Diese Fragen sind kaum dazu geeignet, Ihre Fähigkeiten nachzuweisen; Sie müssen sie dennoch erfolgreich bewältigen, um sich das Stellenangebot zu sichern.

Ihre Reaktion: Durch eine Ja-/Nein-Antwort auf eine Entscheidungsfrage werden Sie kein Angebot ergattern. Der Trick ist der, jede Entscheidungsfrage so zu behandeln, als hätte der Unternehmensvertreter hinzugefügt: »Bitte antworten Sie kurz, aber genau.« Entscheidungsfragen sind häufig mit Aussagen verbunden, denen Pausen folgen. In diesem Fall sollten Sie der Aussage in einer Weise zustimmen, die signalisiert, daß Sie sowohl die Arbeit bewältigen können als auch die Äußerung des Interviewers verstehen. Zum Beispiel: »Das ist eine ausgezeichnete Frage, Herr Schmidt, ich stimme voll und ganz mit Ihnen darin überein, daß die Beachtung von Details, von der Sie sprechen, sich natürlich kostendämmend auswirkt. Meine beste Leistung in diesem Bereich…«

Beispiel 7:

Der Interviewer stellt unablässig negative Fragen (wie in Kapitel 11 beschrieben).

Ihre Reaktion: Verwenden Sie die früher beschriebenen Techniken und Antworten. Lächeln Sie, wenn Sie antworten, und nehmen Sie diese Fragen nicht als persönliche Beleidigungen; sie sind nicht so gemeint. Je aufreibender die Situationen sind, in die Sie Ihre Arbeit vermutlich bringen wird, um so wahrscheinlicher müssen Sie mit negativen Fragen rechnen. Der Interviewer möchte wissen, ob Sie Streß verkraften.

Beispiel 8:

Dem Interviewer fällt es schwer, Sie anzuschauen, während er spricht.

Ihre Reaktion: Der Interviewer ist jemand, der ungern im Rampenlicht steht. Versuchen Sie ihm dabei zu helfen, ein guter Zuhörer zu sein. Stellen Sie spezifische Fragen über die Arbeitspflichten und bieten Sie im Gegenzug Ihre Kompetenz an: »Würde es Ihnen helfen, wenn ich ... beschreibe?«

Mehrere Interviewer

Häufig wird der das Bewerbungsgespräch führende Manager es so einrichten, daß Sie noch zwei bis drei anderen Personen vorgestellt werden. Diese anderen Interviewer sind oft weder für die Befragung qualifiziert noch genauer über die Stelle informiert, für die man Sie befragt. Daher sollten Sie einige zusätzliche Kopien Ihres positionsspezifischen Leistungsprofils zu dem Bewerbungsgespräch mitnehmen, um diesen weiteren Interviewern zu helfen, sich auf die passenden Arbeitsanforderungen zu konzentrieren.

Wenn Sie wissen, wie man diese verschiedenen Typen von Interviewern erkennt und auf sie reagiert, werden Sie einen positiven ersten Eindruck in dem Bewerbungsgespräch hinterlassen. Niemand vergißt seinen ersten Eindruck.

Immer häufiger werden Bewerber zu einem Assessment-Center eingeladen, in denen meistens sechs Beobachter das Verhalten und die Persönlichkeit der meistens zwölf Teilnehmer anhand mehrerer realitätsnaher Handlungssituationen bewerten. Zum Beispiel in Gruppendiskussionen, Rollenspielen, Vorträgen, beim Verfassen von

Schriftstücken und Lösen von verschiedenen Aufgaben unter Zeitdruck. Verhalten Sie sich dabei natürlich, so, wie Sie sind. Versuchen Sie, die Einstellungskriterien des Unternehmens herauszubekommen: Legt es schwerpunktmäßig Wert auf Kooperation, auf Durchsetzungskraft des einzelnen usw.

Kapitel 14

Das Bewerbungsgespräch unter Streß

Eigentlich ist jedes Bewerbungsgespräch ein stressiges Gespräch; das liegt in der Natur der Sache: die Fragen des Interviewers wirken in jedem Fall als Katalysator Ihrer eigenen Angst. Der einzige Weg, diese Angst zu besiegen, besteht darin, vorbereitet zu sein, zu wissen, was der Interviewer zu erreichen versucht und die verschiedenen Zickzackkurse vorauszusehen, denen er folgen wird. Das Wichtigste, was Sie aus diesem Buch lernen, ist, daß gute Vorbereitung Sie gelassen und ruhig macht. Jedesmal, wenn Sie auf ein Bewerbungsgespräch schlecht vorbereitet sind, gibt es niemand, der mehr Druck auf Sie ausüben könnte als Sie selbst.

Dieses Kapitel behandelt das Streßgespräch im engeren Sinn aber alles andere, was bisher gesagt wurde, gilt genauso, und alle Techniken, die Sie jetzt beherrschen, werden Ihnen helfen sich durchzuschlagen. Denken Sie daran: Ein ›stressiges‹ Bewerbungsgespräch ist ein ganz gewöhnliches Bewerbungsgespräch mit erhöhter Lautstärke; die Musik ist die gleiche, nur lauter.

Sie kennen die Horrorgeschichten. Ein Interviewer fordert: »Verkaufen Sie mir diesen Kugelschreiber!« oder er fragt: »Wie würden Sie das Design eines Teddybären verbessern?« Oder Sie stehen einem Regiment von Interviewern gegenüber, die Sie mit Fragen bombardieren wie etwa: »Sie geben ein Diner. Welche zehn berühmten Leute würden Sie einladen und warum?«; ein anderer fragt: »Lebende oder Tote?«, während ein weiterer spottet: »Zehn von jeder Sorte.«

Früher wurden Bewerbungsgespräche unter Streß nur

bei der Auswahl von Führungskräften angewandt, doch jetzt haben sie sich in der ganzen Berufswelt eingebürgert. Und dazu können noch all die einschüchternden und hinterlistigen Tricks kommen, die Sie sich in Ihren schlimmsten Träumen ausmalen. Ihr gutes Abschneiden in einem stressigen Bewerbungsgespräch kann jedoch darüber entscheiden, ob Sie auf die Überholspur oder auf das Abstellgleis des Unternehmens geraten. Ihre Partner in einem Streßgespräch sind erfahren und gut vorbereitet, was die straffe Organisation und fortschrittliche Befragungstechniken anbelangt. Die Fragen und die von ihnen hervorgerufene Anspannung bewirken gemeinsam, daß Sie Ihr Gleichgewicht verlieren und Ihr ›wahres‹ Ich zeigen, statt eine Person vorzuspielen, die jene Antworten gibt, die sie letzte Nacht auf sechs oder sieben Standardfragen auswendig gelernt hat.

Eine Technik des stressigen Bewerbungsgesprächs besteht darin, Sie auf die richtige Fallhöhe zu bringen: eine angenehme Unterhaltung, eine bzw. mehrere scheinbar harmlose Fragen, um Ihre Wachsamkeit zu zerstreuen, aber dann eine Folge leichter und schwerer Schläge, die Sie sprachlos machen. Ein Interviewer wird Sie z. B. in Sicherheit wiegen, indem er Ihnen einige relativ lockere Fragen stellt: »Wie hoch war das Anfangsgehalt bei Ihrer letzten Stelle?«; dann: »Wie hoch ist Ihr jetziges Gehalt?«; dann: »Bekommen Sie Prämien?« etc. Um Sie in die Enge zu treiben, überrascht er Sie dann wie aus heiterem Himmel mit folgendem: »Erzählen Sie mir, welche Schwierigkeiten Sie haben, Ihrem Einkommen entsprechend zu leben.« Solche Interviewer setzen Streß geschickt ein, um die unerwarteten und manchmal spannungsvollen Ereignisse des Arbeitsalltags zu simulieren. Indem er sieht, wie Sie mit simuliertem Druck fertig werden, kann er sich ein recht gutes Bild davon machen, wie Sie auf wirklichen Druck reagieren.

Der gewiefte Interviewer spricht sehr wenig, vielleicht nur 20 Prozent der Zeit, und in dieser Zeit stellt er Fragen. Da er wenige Kommentare und keine persönlichen Stellungnahmen zu Ihren Antworten abgibt, erhalten Sie keinen verbalen oder sonstigen Hinweis darauf, wie Sie abschneiden.

Die Fragen werden geplant, ausgefeilt und horizontal und vertikal strukturiert. Der Interviewer behandelt jedes Thema ausführlich, bevor er weitergeht. Nehmen wir das einfache Beispiel: »Können Sie unter Druck arbeiten?« Als Leser dieses Buches wissen Sie, daß Sie diese Frage mit einem Beispiel beantworten und dabei der Streßtechnik die Spitze nehmen müssen. Der Interviewer ist auf eine einfache Ja-/Nein-Antwort gefaßt, und wie das Gespräch weitergeht, hängt davon ab, wie er den unerwarteten Redeschwall aufnimmt.

❑ *Können Sie unter Druck arbeiten?*

Dies ist eine einfache Entscheidungsfrage, die nur eine Ja-/Nein-Antwort verlangt, aber so einfach kommen Sie nicht davon.

❑ *Gut, schildern Sie doch bitte einmal eine Situation, in der Sie an Ihrem Arbeitsplatz unter Druck gerieten.*

Eine nicht irgendwie eingeschränkte Aufforderung, über eine Streßsituation zu berichten. Danach traktiert man Sie mit der ›vertikalen Fragetechnik‹, die im folgenden Beispiel sechs Ebenen umfaßt. Stellen Sie sich vor, wie groß – ohne Vorbereitung – Ihre Verwirrung sein könnte.

❑ *Wie, glauben Sie, kam es zu dieser Situation?*
❑ *Wann genau ereignete sich das?*

(Vorsicht! Es ist durchaus möglich, daß Ihre Geschichte, wie Sie angeblich Hunderte von Menschen aus einem brennenden Gebäude gerettet haben, anhand Ihrer Referenzen überprüft wird.)

- *Was an Ihrer Leistung erscheint Ihnen im Rückblick am unbefriedigsten?*

Und schon ist es passiert. Sie versuchen zu zeigen, wie gut Sie unter Druck arbeiten, doch plötzlich erzählen Sie Geschichten, die gegen Sie sprechen.

- *Glauben Sie, daß andere Personen verantwortungsvoller hätten handeln können?*

Eine unverblümte Aufforderung, Mitarbeiter und Vorgesetzte zu kritisieren, die Sie diplomatisch umgehen sollten.

- *Wer ist für diesen Vorfall verantwortlich?*

Eine weitere Aufforderung, den Finger zum Tadeln zu erheben.

- *Wo in der Befehlskette können Veränderungen vorgenommen werden, um zu vermeiden, daß sich so etwas wiederholt?*

Sie haben gerade die Technik eines gewitzten Reporters erlebt, der fragt: warum, wann, wer, was und wo. Diese Technik läßt sich auf jede Frage anwenden, die man Ihnen stellt, und sie wird häufig dazu eingesetzt, jene Erfolgsgeschichten zu überprüfen, die zu gut klingen, um wahr zu sein. Sie tauchen plötzlich auf, nach einfachen Entscheidungs- oder Ergänzungsfragen, die anfangen mit: »Erklären Sie mir ...«; »Berichten Sie mir von einer Situation, in der ...«; oder: »Ich würde gerne etwas über ... erfahren.« Sie zielen auf bestimmte Beispiele aus Ihrer beruflichen Laufbahn.

Nachdem Sie dieses Sperrfeuer überlebt haben, will der Interviewer mit einem freundlichen Ton eine weitere Spitze kaschieren: »Was haben Sie aus dieser Erfahrung gelernt?« Das ist eine Frage, die Ihr Urteilsvermögen und Ihre emotionale Reife testen will. Ihre Antwort sollte jenes zentrale Persönlichkeitsmerkmal hervorheben, das Ihre Geschichte illustriert hat.

Wenn der Interviewer das Gefühl hat, daß Sie kurz davor stehen, in einer Antwort etwas Ungewöhnliches zu enthüllen, wird er ›Spiegel-Aussagen‹ gebrauchen. Er wiederholt bzw. paraphrasiert den letzten Kernsatz Ihrer Antwort, schaut Sie dann fest an und schweigt: »So, Sie haben gelernt, daß Organisation das A und O des Managements ist.« Dahinter steckt die Idee, daß die ruhige Bemerkung und der erwartungsvolle Blick zusammen bewirken, daß Sie weitersprechen. Es kann Sie in äußerste Verwirrung bringen, wenn Sie selbst merken, daß Sie drauflosreden, ohne eigentlich zu wissen, warum. Der Trick ist der, zu wissen, wann Sie aufhören sollten. Wenn der Interviewer Sie erwartungsvoll anschaut, erweitern Sie Ihre Antwort (das müssen Sie), aber nur um einige Sätze. Andernfalls wird Sie das Gefühl beschleichen, daß Sie sich selbst eine weitere Grube graben.

Es wird vorkommen, daß Sie mehr als einem Interviewer zugleich gegenübertreten. Erinnern Sie sich in diesem Fall an die Geschichte von der Frau, die von fünf Interviewern auf einmal befragt wurde. Kaum war die Arme mit einer Antwort halb fertig, schleuderte man ihr schon die nächste Frage entgegen. In einer Atempause lächelte sie und sagte: »Immer mit der Ruhe! Das sind alles ausgezeichnete Fragen, und wenn Sie mir Zeit lassen, beantworte ich alle. Wer ist jetzt an der Reihe?« Dadurch zeigte sie den Interviewern genau, was sie sehen wollten und was, nebenbei bemerkt, hinter jedem Bewerbungsgespräch unter Streß steckt: die Suche nach Gelassenheit und Ruhe in der Hitze des Gefechts, zusammen mit der Weigerung, sich einschüchtern zu lassen.

Sie wissen nie, wann ein Streß-Bewerbungsgespräch sein häßliches Haupt erhebt. Häufig ist es das routinemäßige Treffen mit einer höheren Führungskraft am Ende einer Reihe zermürbender Gespräche. Das ist nicht immer erstaunlich: Während andere Interviewer herausfinden wollen, ob Sie zu der fraglichen Arbeit fähig und bereit sind und ob Sie sich gut führen lassen, erkundet die höhere Führungskraft, die Sie später in die Mangel nimmt, Ihre Eignung für mögliche Beförderungen.

Die einschüchterndsten Streßgespräche lassen sich schon erkennen, bevor der Interviewer überhaupt den Mund aufmacht: kein Augenkontakt, keine Begrüßung, entweder Schweigen oder ein unverbindliches Murmeln, kein belangloses Geplauder und eine allgemeine Atmosphäre von Langeweile, Interesselosigkeit oder kaum verhüllter Aggression. Die ersten Worte, die Sie hören, sind vielleicht folgende: »Worauf warten Sie? Ich hab' nicht den ganzen Tag Zeit.« In diesen Situationen heißt gewarnt sein gewappnet sein, deshalb folgen jetzt einige Fragen, mit denen Sie nach einer solchen Begrüßung rechnen können.

❑ *Sehen Sie den Kugelschreiber, den ich in der Hand halte? Verkaufen Sie ihn mir!*

Das ist keine Bitte, die man, wie Sie vielleicht denken, nur an einen Verkäufer richten würde. In der heutigen Geschäftswelt wird von jedem verlangt, daß er etwas verkauft – manchmal Produkte, aber häufiger Ideen, Methoden und Konzepte. Daher testet man, ob Sie über Eigenschaften und Vorteile grundsätzlich Bescheid wissen. Der Interviewer hält beispielsweise einen breiten, gelben Textmarker hoch. Sie sagen ruhig: »Lassen Sie mich Ihnen die spezifischen Merkmale dieses Produkts beschreiben. Das hier ist zunächst einmal ein Marker, der wichtige Stellen in Berichten bzw. Artikeln hervorhebt, wodurch Sie Zeit gewinnen, wenn Sie sich an wichtige Punkte erinnern wollen. Die Hülle ist breit genug, um ihn bequem auf Ihrem Schreibtisch unterzubringen und für eine flüchtig hingeworfene Tabelle zu verwenden. Er hat eine flache Basis, auf die man ihn stellen kann. Mit einem Preis von unter zwei Mark ist er erschwinglich und billig genug, um sich für Schreibtisch, Aktentasche, Auto und zu Hause gleich eine Handvoll zuzulegen. Und die leuchtende gelbe Farbe garantiert, daß Sie ihn nie verlieren.«

❑ *Was ist das Negativste, das Sie über unsere Firma gehört haben?*

Wenn Sie etwas wirklich Schlechtes über die Firma gehört haben, sollten Sie erst gar nicht hingehen, also wird man getrost annehmen, daß dem nicht so ist. Trotzdem ist die Frage ein Schock. Wie bei allen Streßfragen ist auch hier Ihre Gelassenheit entscheidend. Wenn es Ihnen noch dazu gelingt, eine halbwegs passable Antwort zu geben, haben Sie gewonnen. Die beste Antwort auf diese Frage ist einfach: »Sie machen es einem schwer, in Ihre Firma zu kommen, weil Ihre Bewerbungsgespräche so schwierig und Ihre Interviewer so streng sind.« Das ist wahr, schmeichelt und zeigt, daß Sie nicht verunsichert sind.

❑ *Wie würden Sie Ihren Beruf bezeichnen?*

Bei Fragen, die Ihr Auffassungsvermögen ergründen, können Sie, gleichgültig, wie gut ihre Antwort ist, davon ausgehen, mitten in Ihrer Erwiderung unterbrochen zu werden durch Äußerungen wie: »Das hat damit nichts zu tun«; oder: »Wer hat Ihnen denn *den* Floh ins Ohr gesetzt?« Zwar fordert Ihre Antwort eine Beurteilung heraus, doch sind diese Kommentare zu 99 Prozent nicht als ernsthafte Kritik gemeint. Vielmehr sind es Tests, um zu sehen, wie gut Sie Ihre Position in einem Streitgespräch mit dem obersten Chef verteidigen können, der immer sagt, was er denkt. Also schießen Sie los und verteidigen Sie sich, ohne beleidigt zu sein oder zu beleidigen.

Mit Ihrer ersten Antwort sollten Sie Zeit gewinnen und den Interviewer selbst zum Reden bringen. Sie fragen: »Wie kommen Sie darauf?« und beantworten so eine Frage mit einer Gegenfrage. Und indem Sie den Spieß gegenüber Ihrem Angreifer umdrehen, demonstrieren Sie Ihre Gelassenheit, Ruhe und Ihre analytischen Fähigkeiten besser als mit jeder anderen Antwort.

- *Wie würden Sie mich als Interviewer beurteilen?*

Diese Frage ist gefährlich, vielleicht gefährlicher als jene, die Sie auffordert, Ihren Chef zu kritisieren. Was Sie auch tun, sagen Sie auf keinen Fall die Wahrheit, wenn Sie glauben, der Interviewer sei inkompetent, ohne es zu wissen. Das mag zwar wahr sein, wird Ihnen aber kein Stellenangebot verschaffen. Dies ist ein Beispiel, wo Ehrlichkeit einmal nicht die beste Methode ist. Am besten sagen sie: »Das ist eines der härtesten Bewerbungsgespräche, das ich je erlebt habe, und die Aussicht auf ein weiteres begeistert mich nicht gerade. Doch ich sehe ein, was Sie erreichen wollen.« Erklären Sie dann, Sie wüßten, daß die Arbeit mit Streß verbunden sei und daß der Interviewer versuche, etwas von diesem realen Streß im Bewerbungsgespräch zu simulieren. Vielleicht entscheiden Sie sich, die Antwort mit einer eigenen Frage zu beenden: »Wie beurteilen Sie mein Abschneiden bei Ihrer Befragung?«

- *Was würden Sie sagen, wenn ich Ihnen vorhalten würde, daß Sie heute nachmittag eine sehr mäßige Vorstellung geboten haben?*

Selbstverständlich wird der wahre, in seinem Metier bewanderte Streß-Interviewer Ihre Frage mit einer Gegenfrage parieren, die Sie nie erwartet hätten. Das *wenn* ist hier der springende Punkt, und nur der unverbesserliche Neurotiker sieht in dieser Frage einen Vorwurf. Sie zielt nämlich darauf ab, zu sehen, wie Sie auf Kritik reagieren, und testet so Ihre gute Führbarkeit. Kein Unternehmen kann sich heute Zartbesaitete leisten.

Eine passende Antwort auf diese Frage wäre: »Als erstes würde ich herausfinden, wo Ihrer Meinung nach das Problem lag. Sollte es Mißverständnisse gegeben haben, würde ich sie ausräumen. Wenn das Problem irgendwoanders lag, würde ich Sie um Rat ersuchen und dafür sorgen, daß es sich nicht wiederholt.« Dadurch zeigen Sie, daß Sie eine Arbeitskraft sind, die auf die Pflicht des Managers, Leistung zu kritisieren, in einer professionellen und emotional reifen Weise reagiert.

Auch wenn der Streß-Interviewer Ihnen mit allen möglichen Tricks kommt, werden Sie mit Bravour bestehen, wenn Sie erst einmal begriffen haben, daß er etwas äußerst Einfaches herauszufinden versucht: ob Sie Druck verkraften oder nicht. Eigentlich bemüht sich so ein Interviewer nur darum, die tüchtigen Unternehmenskämpfer vom lahmen Fußvolk zu scheiden. Bleiben Sie ruhig, geben Sie Ihr Bestes, und nehmen Sie das alles leicht; niemand kann Sie einschüchtern, wenn Sie es nicht wollen.

Kapitel 15

Willkommen in der Wirklichkeit

Von all den Stufen, die ein Schulabgänger im Laufe der Jahre auf der Leiter des Erfolgs erklimmt, ist keine wichtiger, aber auch keine schwerer zu erreichen als die erste. Und die Befragungsverfahren für frischgebackene Akademiker sind besonders streng, weil das Management die Anwerbung von Berufsanfängern als eine seiner schwierigsten Aufgaben betrachtet.

Wenn ein Unternehmen erfahrene Arbeitskräfte einstellt, liegt für die Beurteilung ein beruflicher Leistungsnachweis vor. Bei Schulabgängern gibt es wenig oder nichts. Oft ist das einzig Solide, worauf sich ein Interviewer stützen kann, Schulzeugnisse, Abiturnoten und Hochschulzulassungstests. Das ist nicht viel, um eine Einstellungsentscheidung zu treffen: Prüfungsergebnisse sagen dem Interviewer nicht, ob Sie sich einordnen oder eine zuverlässige Arbeitskraft sein werden. Viele Personalchefs vergleichen das Spiel der Einstellung von Hochschulabgängern mit dem Pflanzen junger Rebstöcke mit der Hoffnung auf reichen Ertrag in der Zukunft. Sie wissen, daß einige prächtig gedeihen werden, während andere verkümmern. Daher müssen Personalchefs verschiedene Wege finden, das Leistungspotential genau vorherzusagen.

Nachdem die Interviewer, so weit als möglich, Schulzeugnisse herangezogen haben, um Ihre Eignung zu beurteilen, konzentrieren sie sich auf Fragen, die enthüllen, wie groß Ihre Bereitschaft ist, zu lernen und die Arbeit zu erledigen, wie gut Sie sich wahrscheinlich im allgemeinen führen lassen und wann das Tempo anfängt Sie zu schlauchen.

Ihr Ziel ist es, sich vor allen anderen Mitbewerbern als jemand auszuzeichnen, der anders und besser ist. Begehen Sie beispielsweise nicht den Fehler von vielen tausend anderen, die auf Fragen nach ihrer größten Stärke nur lapidar antworten: »Ich bin sehr umgänglich«; oder: »Ich arbeite gern mit anderen zusammen.« Wie Sie jetzt wissen, heben Sie sich durch solche Antworten nicht von der Masse ab. Im Gegenteil, Sie brandmarken sich dadurch als *durchschnittlich*. Um sich zu profilieren, muß ein Hochschulabsolvent eine frühere Situation detailliert schildern, die *veranschaulicht*, wie gut er mit Menschen umgehen kann oder wie groß sein Teamgeist ist. Glücklicherweise helfen die zentralen Persönlichkeitsmerkmale, die in diesem Buch immer wieder erörtert wurden, Ihnen nicht nur dabei, einen Fuß auf die Leiter zu setzen, sondern auch, die Spitze zu erklimmen. An ihnen sollten Sie sich bei der Auswahl jener Aspekte Ihrer Persönlichkeit und Ihrer Vorbildung orientieren, die Sie in das Bewerbungsgespräch einfließen lassen.

Sie müssen nicht auf jede Frage eine Antwort parat haben, das können Sie ja auch gar nicht. Es ist in Wirklichkeit wichtiger für Sie, nach einer Frage eine Pause zu machen und Ihre Gedanken zu sammeln, bevor Sie antworten: Sie müssen zeigen, daß Sie denken, bevor Sie sprechen. Auf diese Weise demonstrieren Sie Ihre analytischen Fähigkeiten, die der Jugend ja nach Meinung des Alters größtenteils fehlen. Aus dem gleichen Grund ist es, um Zeit zu gewinnen, nützlich, ab und zu um die Wiederholung einer Frage zu bitten. Das ist auch völlig akzeptabel, solange Sie das nicht bei *jeder* Frage tun. Und wenn eine Frage Sie ratlos macht, wie es manchmal vorkommt, dann stottern Sie nicht zusammenhanglos. Es ist ab und zu am besten, einfach zu sagen: »Ich weiß es nicht.« Oder sie können antworten: »Ich würde gern später darauf zurückkommen«, weil die Chancen 50 : 50 stehen, daß der Interviewer vergißt, wieder zu fragen; wenn nicht, hatten Sie zumindest Zeit, sich eine Antwort auszudenken.

Es ist nicht nötig, *alles* über eine Anfangsstellung zu

wissen, weil man in der Wirtschaftswelt glaubt, Ihnen das meiste selbst beibringen zu können. Aber, wie ein Vizepräsident von Merrill Lynch es einmal formulierte: »Sie müssen die Fähigkeit mitbringen, sich klar auszudrücken.« Wenn Sie daher wissen, was hinter diesen speziell auf Hochschulabgänger zugeschnittenen Fragen steckt, haben Sie Zeit, sich informative und verständliche Antworten auszudenken.

❑ *Wie sind Sie an Ihre Ferienjobs gekommen?*

Alle Arbeitgeber betrachten Bewerber mit Sympathie, die schon über irgendeine Arbeitserfahrung (gleichgültig welche) verfügen. »Es ist viel leichter, sich ein Bild von jemandem zu machen, der schon während seines Studiums gearbeitet hat«, sagt Dan O'Brien, Personalchef von Grumman Aerospace. »Sie teilen ihre Zeit besser ein, sind realistischer und reifer. Jede Arbeitserfahrung gibt uns sehr viel mehr Gemeinsamkeiten.« Erwähnen Sie daher in Ihrer Antwort auch, daß Sie gelernt haben, es gehe in der Wirtschaft darum, Gewinn zu machen, Dinge effizient zu erledigen, sich an Regeln zu halten und keine Mühe zu scheuen, wenn es darum geht, die Arbeit zu erledigen. Kurz, behandeln Sie Ihre Ferienjobs – ganz gleich, wie unbedeutend sie waren – wie jede andere Arbeitserfahrung.

Bei dieser speziellen Frage sucht der Interviewer idealerweise eine Person, die Initiative, Kreativität und Flexibilität zeigt. Hier ein Beispiel: »In meiner Stadt war es schwierig, an Sommerjobs heranzukommen, aber ich bewarb mich bei jedem Restaurant, das es bei uns gab, um eine Stelle als Kellner, telefonierte mit allen Geschäftsführern, um ein Gespräch zu vereinbaren, und ergatterte schließlich einen Job in einem der renommiertesten Häuser. Man teilte mich der Nachmittagsschicht zu, aber wegen meiner Schnelligkeit, genauen Abrechnung und meiner Fähigkeit, die Gäste zu verwöhnen, wurde ich in die Abendschicht aufgenommen. Ich arbeitete dort drei

Sommer lang, und als ich wegging, war ich für die Ausbildung und Führung der Nachtschicht-Kellner, die Verteilung der Trinkgelder, die nächtliche Schließung und die Schlußabrechnung zuständig. Alles in allem bekam ich durch diese Erfahrungen Einblick in die Mechanik eines kleinen Betriebs und des Wirtschaftslebens im allgemeinen.«

❑ *Welche Ihrer früheren Stellen mochten Sie am wenigsten?*

Der Interviewer versucht, Ihnen ein Bein zu stellen. Wahrscheinlich gab es in Ihrem Berufsleben wie in allen Anfangspositionen in der Wirtschaft ein gewisses Maß an Monotonie und harter Arbeit. Sagen Sie also auf keinen Fall, daß sie eine bestimmte Stelle nicht mochten, »weil sie langweilig war«. Vermeiden Sie das Negative, und sagen Sie so etwas Ähnliches wie folgt: »Alle meine Stellen hatten ihre guten und schlechten Seiten, aber ich war immer der Meinung, daß man jeden Tag eine Menge mitkriegen kann, wenn man lernwillig ist. Jede Erfahrung war nützlich.«

❑ *Welche Berufspläne haben Sie für die Zukunft?*

Das ist eine kunstvolle Art zu fragen: »Wo möchten Sie in fünf Jahren sein?« Der Fehler, den alle Berufsanfänger begehen, ist zu sagen: »Im Management«, weil sie glauben, das beweise Dynamik und Ehrgeiz. Diese Antwort ist jedoch mittlerweile so abgedroschen, daß sie sofort eine Reihe von Fragen auslöst, die die meisten Bewerber nicht beantworten können: Wie definieren Sie Management? Was ist die Hauptaufgabe eines Managers? Ein Manager in welchem Bereich? Am sichersten ist es, Sie identifizieren sich in Ihrer Antwort mit der Position, um die Sie sich bemühen. »In fünf Jahren etwa hoffe ich, ein echter Profi geworden zu sein, der genau Bescheid weiß über das Unternehmen und die Branche und erkennt, wo die Chancen wirklich liegen. Zu diesem Zeitpunkt sollten meine Zukunftswünsche klar definiert sein.« Eine Antwort wie diese hebt Sie stark von Ihren Zeitgenossen ab.

- *Suchen Sie nach einer Dauer- oder nach einer Übergangsstellung?*

Der Interviewer möchte sichergehen, daß Sie ernsthaft an der Stelle interessiert sind, und nicht nach ein paar Monaten ohne Vorwarnung verschwinden. Versuchen Sie mehr als nur »Ja« zu sagen. Erläutern Sie, warum Sie die Stelle wollen. Etwa so: »Natürlich strebe ich eine Dauerstellung an. Ich beabsichtige, in diesem Bereich meine Karriere zu machen, und ich möchte die Chance haben, die Arbeit zu lernen, neuen Herausforderungen entgegenzusehen und von erfahrenen Profis zu lernen.«

- *Wir haben schon früher versucht, Absolventen Ihrer Universität/Fachhochschule einzustellen, aber das schien nie gut zu gehen. Worin unterscheiden Sie sich von den anderen?*

Das ist eine Streßfrage, um Ihre Gelassenheit und Ihre analytische Kompetenz zu testen. Sie können energisch protestieren und sagen, daß Sie sich *natürlich* von diesen Leuten unterscheiden und es beweisen können, aber Sie wissen bis jetzt nur, daß es Probleme gab, nicht, was die Probleme verursachte. Antworten Sie so: »Zunächst möchte ich Sie genau nach den Problemen fragen, die Sie mit Absolventen meiner Hochschule hatten.« Wenn Sie erst einmal wissen, wo das Problem liegt (wenn überhaupt eins existiert), können Sie erläutern, worin Sie sich unterscheiden – aber erst dann. Sonst laufen Sie Gefahr, daß Ihre Antwort so unterbrochen wird: »Das haben alle anderen auch gesagt, bevor ich sie eingestellt habe. Sie haben mir nicht gezeigt, daß Sie sich irgendwie von denen unterscheiden.«

❑ *Mögen Sie Routinearbeiten/feste Arbeitszeiten?*

Eine Trickfrage. Der Interviewer weiß aus bitterer Erfahrung, daß die meisten Hochschulabgänger Routine hassen und als Mitarbeiter so lange unbrauchbar sind, bis sie mit solchen unabänderlichen Tatsachen zu leben lernen. Erklären Sie, daß Sie die Notwendigkeit der Routine einsähen und mit einer ordentlichen Portion Routinearbeiten rechneten, bevor man Sie mit verantwortungsvolleren Arbeiten betraue, und daß Sie deshalb bereit seien, sie als notwendig hinzunehmen. Was die festen Arbeitszeiten anbelangt, können Sie sagen: »Nein, da gibt es keine Probleme. Ein Unternehmen erhofft sich Gewinn, also müssen – auf geregelter Basis – die Türen für Geschäfte offen bleiben.«

❑ *Können Sie ein Beispiel nennen, an dem sich Ihre Initiative und Ihre Arbeitsbereitschaft zeigt?*

Erzählen Sie wieder eine Geschichte, wie Sie eine Stelle bekamen bzw. sich selbst eine Stelle schufen oder gar eine ehrenamtliche Arbeit übernahmen. Ihre Antwort sollte Initiative beweisen, insofern Sie sowohl unerwartete Probleme ruhig bewältigten als auch neue vorhersahen. Ihre Arbeitsbereitschaft zeigt sich an Ihren Methoden, Hindernisse zu überwinden. Zum Beispiel: »Ich arbeitete einen Sommer lang in einem kleinen Lagerhaus. Ich fand heraus, daß in einigen Wochen eine große Warensendung erwartet wurde, und ich wußte, daß der vorgesehene Raum aufgeräumt werden mußte. Das Lagerhaltungssystem war veraltet, und die hinteren Räume des Lagers waren in Unordnung. Also ging ich am Wochenende hin, rechnete aus, wieviel Platz ich bräuchte, beseitigte das Durcheinander in den hinteren Räumen und katalogisierte alles auf neuen Lagerformularen. Als die Sendung kam, fuhr der Laster einfach rückwärts hinein. Es war noch Platz übrig.«

❑ *Kann man Ihnen Anweisungen erteilen, ohne Sie zu verstimmen oder zu verletzen?*

Bei dieser Frage geht es um Ihre gute Führbarkeit. Wenn Sie sich schnell beleidigt fühlen oder zornig werden, wenn man Sie auf Ihre Fehler hinweist, werden Sie bei keiner Firma lange bleiben. Der Wettbewerb ist scharf auf der Eingangsstufe, sehen Sie darin also eine weitere Chance, sich zu profilieren. »Ja, ich kann Anweisungen entgegennehmen und – was wichtiger ist – konstruktive Kritik ertragen, ohne mich verletzt zu fühlen. Trotz der besten Absicht mache ich immer noch Fehler, und ab und zu muß mich jemand wieder in die richtige Spur bringen. Ich weiß, daß ich zuerst meine gute Führbarkeit beweisen muß, bevor ich erwarten kann, befördert zu werden.«

❑ *Ist es Ihnen je schwergefallen, mit anderen zurechtzukommen?*

Das ist eine Kombinationsfrage, die Ihren Leistungswillen und Ihre Führbarkeit testet. Sind Sie ein Teamspieler, oder werden Sie die Abteilung spalten und dem Interviewer das Leben zur Hölle machen? Das ist eine Entscheidungsfrage, die nur eine Ja-/Nein-Antwort erfordert. Sagen Sie also ja oder nein und kein Wort mehr.

❑ *An welcher Position sind Sie interessiert?*

Das ist wieder eine dieser Fragen, die Sie dazu verleitet, Management zu sagen. Tun Sie das nicht. Sagen Sie, Sie seien an der Stelle interessiert, die man Ihnen sowieso anbietet, d. h. an einer Anfangsstellung. »Ich bin an einer Anfangsstellung interessiert, die mir ermöglicht, die Arbeit von der Pike auf zu lernen, und mir die Chance gibt, mich zu entwickeln, wenn ich mich bewähre.«

❑ *Welche Qualifikationen haben Sie, die Ihren Erfolg in diesem Bereich garantieren?*

Wenn Sie diese Frage beantworten, machen Sie nur deutlich, daß Ihre Stärken den zentralen Persönlichkeitsmerkmalen in Kapitel 10 entsprechen und auf die von Ihnen angestrebte Position passen. Es ist eine einfache, sehr offene Frage, die bedeutet: »Wir suchen nach einer Rechtfertigung für Ihre Einstellung. Helfen Sie uns ein wenig.«

❑ *Wieso glauben Sie, daß Sie diese Arbeit gern tun würden?*

Das ist eine trügerisch einfache Frage, weil es darauf keine Patentantwort gibt. Man stellt sie normalerweise, um zu sehen, ob Sie sich wirklich im klaren darüber sind, was diese bestimmte Stelle und dieser spezielle Beruf täglich mit sich bringen. Um sie zu beantworten, müssen Sie daher über das Unternehmen und die Arbeitsanforderungen so gründlich wie möglich Bescheid wissen. Im Rahmen Ihrer Vorbereitung sollten Sie auch ein anderes Unternehmen dieser Branche anrufen und jemanden zu sprechen wünschen, der die Arbeit tut, die Sie anstreben. Fragen Sie, wie die Arbeit so ist und was er täglich zu tun hat. Wie gut ist die Stelle in die Abteilung integriert? Was steuert sie zur Gesamtleistung des Unternehmens bei? Warum mag er diese Arbeit? Mit dieser Information gewappnet, werden Sie zeigen, daß Sie – im Gegensatz zu den meisten Universitäts- bzw. Fachhochschulabgängern – wissen, was Sie erwartet.

❑ *Wie funktioniert Ihrer Meinung nach die Wirtschaft?*

Der Interviewer will keinen langen Vortrag hören, sondern nur sichergehen, daß Sie nicht glauben, sie funktioniere nach den gleichen Grundsätzen wie die christliche Nächstenliebe. Ihre Antwort sollte etwa so aussehen: »Die Aufgabe jedes Unternehmens ist es, so viel Geld wie möglich so schnell und effizient wie möglich zu verdienen, und zwar so, daß einerseits der bestehende Kundenkreis erhalten bleibt, andererseits jedoch auch neue Kunden durch Mundpropaganda und einen guten Ruf angeworben werden.« Schließen Sie mit der Bemerkung, daß es die Aufgabe jedes Mitarbeiters ist, seinen Beitrag als Teammitglied zu leisten, um diese Ziele zu erreichen.

❑ *Was wissen Sie über unser Unternehmen?*

Sie können diese Frage nur beantworten, wenn Ihr Interesse groß genug war, über das Unternehmen gründlich zu recherchieren. Andernfalls müssen Sie darauf gefaßt sein, daß ein anderer diese Mühe nicht gescheut hat, um an die Stelle zu kommen.

❑ *Wie kommt es Ihrer Meinung nach zu Fortschritten in einem guten Unternehmen?*

Ihre Antwort sollte alle positiven Persönlichkeitsmerkmale aufführen, die Sie während des Bewerbungsgesprächs darlegten. Erwähnen Sie auch Ihre Fähigkeit, zuzuhören, Ihre Zielstrebigkeit, Ihre Fähigkeit, die Dinge zu nehmen, wie sie sind, und die glückliche Lage, einen Manager zu haben, der möchte, daß man sich weiterentwickelt.

❑ *Sind Sie der Ansicht, daß der erste Arbeitgeber Zeugnisse berücksichtigen sollte?*

Wenn Ihre Zeugnisse gut sind, ist die Antwort natürlich »Ja«. Wenn nicht, müssen Sie sich Ihre Antwort etwas genauer überlegen. »Selbstverständlich sollte ein Arbeitgeber alles berücksichtigen, und neben Zeugnissen gehört dazu eine Beurteilung des Leistungswillens, der Führbarkeit, ein Verstehen der geschäftlichen Abläufe und die eigentliche Berufserfahrung. Eine solche Kombination kann nützlicher sein als Zeugnisse allein.«

Viele hervorragende Bewerber werden zu Bewerbungsgesprächen für Anfangsstellungen eingeladen, aber nur jene, die sich auf die Fragen vorbereiten, haben Erfolg. Bewerbungsgespräche für Hochschulabgänger sind z. T. regelrechte Produkt-Präsentationen. Und je mehr Gespräche Sie haben, um so besser werden Sie; daher sollten Sie sich bis zur letzten Minute vorbereiten. Beginnen Sie jetzt, und feilen Sie an Ihren Fähigkeiten, um sich einen Vorsprung vor Ihren Mitbewerbern zu verschaffen. Zum Schluß möchte ich Ihnen den Rat, den ein Professor einer führenden Business School mir einmal gab, ans Herz legen: »Sie bringen ein neues Produkt auf den Markt. Daher müssen Sie analysieren, was es leistet, wer sich wahrscheinlich dafür interessieren wird und welche Verkaufsstrategie am besten ist.«

Kapitel 16

Die härtesten Nüsse

Der Einfallsreichtum von Interviewern erstaunt mich immer wieder. Während des letzten Jahres unterbreiteten mir Leser dieses Buches und Teilnehmer an meinen Seminaren einige Fragen, die es wirklich in sich haben. Sie sagten: »Na gut, wenn Sie schon so intelligent sind, dann wollen wir doch mal sehen, wie Sie *diese* Frage beantworten.« Nun, auf einige der kniffligsten Fragen gibt es überhaupt keine ›richtige‹ Antwort – gerade deshalb sind sie ja so knifflig –, aber es gibt einen richtigen Lösungsansatz. Deshalb schildere ich Ihnen jetzt einige der zahlreichen verzwickten Fragen, die es heute gibt, und die besten Strategien für die Eroberung hochrangiger Positionen.

❑ *Wofür ist (z. B.) ein Systemanalytiker im allgemeinen zuständig?*

Das ist plötzlich – und mit Recht – eine sehr beliebte Frage von Interviewern geworden. Sie schlägt drei Fliegen mit einer Klappe. Erstens macht sie klar, daß alle Arbeitskräfte heutzutage leistungs- und gewinnbewußter sein sollten. Zweitens gibt Ihnen die Antwort eine Vorstellung davon, was Sie noch lernen bzw. wo Sie umlernen müssen, wenn Sie in das Unternehmen eintreten. Drittens ist es eine sehr effektive K.o.-Frage – wenn es Ihnen an einem umfassenden Verständnis Ihrer Arbeit fehlt, können Sie die Stelle abschreiben: Sie sind sofort aus dem Rennen. Während Ihre Antwort also zeigen soll, daß Sie Ihre Pflichten kennen, sollten Sie sich davor hüten, mit den unterschiedlichen Firmenjargons in Konflikt zu geraten. Wer in dem einen Unternehmen Systemanalytiker heißt, ist in dem nächsten vielleicht nur ein Programmierer in Ausbildung. Wenn Sie das berücksichtigen, könnten Sie Ihre Antwort vielleicht so einleiten: »Zwar unterscheidet sich der mit meinem Beruf verbundene Zuständigkeitsbereich von Firma zu Firma, an meinem letzten Arbeitsplatz war ich jedoch für... zuständig.« Falls Sie bei Ihrer Antwort unabsichtlich ins Straucheln kommen, schließen Sie mit einer Frage: »Inwiefern deckt sich der Zuständigkeitsbereich bei Ihnen mit dem meiner letzten Stelle?« Das gibt Ihnen die Chance, etwaige Fehler wiedergutzumachen.

❑ *Beschreiben Sie, in welchem Bezug Ihre Arbeit zu den Gesamtzielen Ihrer Abteilung und Ihrer Firma steht.*

Diese Frage erkundet nicht nur, ob Sie den Abteilungs- und Firmenauftrag verstehen, sondern überprüft auch Ihre Fähigkeit, sich in ein Team zu integrieren, um die Arbeit zu erledigen. Wie auch immer Ihre Antwort im einzelnen aussehen mag, sie sollte sinngemäß so lauten: »Die Qualität meiner Arbeit wirkt sich unmittelbar auf die Fähigkeit der anderen aus, ihre Arbeit gut zu machen. Im Team muß man auf seine Mitspieler Rücksicht nehmen.«

❑ *Welches sind für Sie die entscheidenden Aspekte Ihrer Arbeit?*

Eine falsche Antwort kann das sofortige Aus für Sie bedeuten. Der Vertreter, der im Spesenkonto den entscheidenden Aspekt seiner Arbeit sieht, ist ein typisches Beispiel. Die Frage soll herausfinden, ob Sie Ihre Zeit gut einteilen können, die Fähigkeit haben, Prioritäten zu setzen und ob Sie in irgendeiner Weise zu Drückebergerei neigen.

❑ *Was empfinden Sie als eine angemessene Belohnung Ihrer Leistung?*

Eine Frage, die sich eindeutig auf Ihre gute Führbarkeit bezieht. Der Interviewer hat vermutlich unter seinen Mitarbeitern schon eine Sekretärin, die jedesmal, wenn Sie nur einen fehlerlosen Brief zustande bringt, auf einen Nobelpreis hofft. Ihre Antwort sollte ehrlich sein und alles Wichtige abdecken: »Meine Befriedigung und Belohnung entspringt hauptsächlich einer gut gemachten und fristgerecht abgeschlossenen Arbeit. Hie und da ein lobendes Wort von meinem Chef ist mir immer willkommen. Nicht zuletzt freut sich wohl jeder über eine Gehaltsaufbesserung.«

❑ *Wie hätten Sie – im Rückblick – Ihren beruflichen Aufstieg beschleunigen können?*

Das ist eine Frage, die meint: »Nennen Sie mir Ihre Fehler und Schwächen.« Wenn Sie Möglichkeiten der Leistungsverbesserung angeben können, ohne dadurch Ihrer Bewerbung Schaden zuzufügen, tun Sie es. Das Ende Ihrer Antwort sollte ungefähr so aussehen: »Das ist alles, was ich Ihnen sagen kann. Ich hab' immer mein Bestes getan.« Dann schweigen Sie.

❑ *Welche Ihrer Fähigkeiten/beruflichen Qualifikationen möchten Sie gegenwärtig verbessern?*

Wieder ein besonders geschickter Weg, Sie dazu zu bringen, wichtige Schwächen zu verraten. Die sicherste Antwort besteht darin, einen bzw. zwei jener Bereiche zu wiederholen, die persönliche Stärken und Ihre wesentlichen beruflichen Verantwortungsbereiche kombinieren. Schließen Sie so: »Diese Bereiche sind so wichtig, daß ich nicht glaube, jemand könnte zu gut sein oder sollte je aufhören, seine Fähigkeiten auszufeilen.«

❑ *Was bereitet Ihnen Sorgen?*

Einige Fragen – so auch diese – mögen Ihnen so ungewöhnlich vorkommen, daß Sie im unmöglichsten Moment damit anfangen, den Interviewer als Beichtvater zu behandeln. Ihre privaten Phobien haben nichts mit Ihrer

Arbeit zu tun – wenn Sie sie enthüllen, wird man Sie vielleicht als labil einstufen. Am besten beschränken Sie sich bei Ihrer Antwort auf die verständlichen Sorgen eines gewissenhaften Profis. »Ich mache mir Sorgen wegen Terminen, Personalfluktuation, zeitlichen Rückständen, Datensicherungsplänen für Computerausfälle oder auch wegen der Möglichkeit, daß einer von den Vertretern sich überarbeitet oder zur Konkurrenz überläuft – die ganz normalen Probleme also. Das gehört zum Geschäft, deshalb lasse ich mich davon nicht unterkriegen.«

❑ *Was war die schwierigste Situation, die Sie erlebt haben?*

Die Frage geht in zwei Richtungen: »Wie definieren Sie schwierig?« Und: »Wie sind Sie mit der Situation umgegangen?« Sie müssen dafür eine Geschichte auf Lager haben, die eine Situation schildert, die nicht nur brenzlig war, sondern Ihnen auch erlaubte, sich in ein positives Licht zu setzen. Reden Sie nicht über Probleme, die mit Arbeitskollegen zu tun haben.

❑ *Welche Dinge ärgern Sie? Was können Sie ›auf den Tod‹ nicht ausstehen? Wann waren Sie bei Ihrer Arbeit zum letztenmal wütend?*

Diese Fragen sind so ähnlich, daß sie hier als eine behandelt werden können. Es ist ungeheuer wichtig, zu zeigen, daß Sie die Nerven behalten können. Die meisten von uns haben schon einmal gesehen, wie ein Kollege seine Selbstbeherrschung verloren hat – kein schöner Anblick, und jeder Arbeitgeber will das vermeiden. Mit dieser Frage werden Sie um so häufiger konfrontiert, je höher Sie die Karriereleiter hinaufklettern und je öfter Sie mit Kunden und der Öffentlichkeit in Kontakt kommen. Sie sollten für Ihre Antwort etwas finden, das jeden normalen, gewissenhaften Berufstätigen aufbringt. »Ich mag meine Arbeit und möchte meinem Arbeitgeber so nützlich wie möglich sein. Wenn ich jedoch mit Leuten zusammenarbeite, die ständig auf die Uhr schauen oder regelmäßig montags und freitags krank werden, dann ärgert mich das wirklich, aber *wütend* oder so etwas werde ich dadurch nicht.« Eine Antwort dieser Art wird Sie viel weiter bringen als die eines kalifornischen Ingenieurs, der einige Minuten lang über die Kleinkariertheit von Leuten herzog, die – im Büro! – keine lebenden Schmusehasen mögen.

❑ *Was ist Ihre unbedeutendste Stelle gewesen?*

Wenn Ihre unbedeutendste Stelle nicht in Ihrem Lebenslauf erscheint, sollten Sie sie nicht zur Sprache bringen. Einige unterschlagen einfach jenen Zeitraum zwischen zwei festen Anstellungen, in dem sie, nur um ihre Rechnungen bezahlen zu können, in einer Imbißstube gejobbt haben, und sie sprechen erst dann darüber, wenn sie durch eine Frage wie diese dazu aufgefordert werden. Wenn Sie jedoch eine Arbeit erwähnen, die nirgends in Ihrem Lebenslauf auftaucht, stellen Sie Ihre Integrität und die Chancen Ihrer Bewerbung in Frage.

Abgesehen davon ist keine Tätigkeit in Ihrem Beruf eine Zeitvergeudung, wenn Sie Ihr Wissen darüber erhöht, wie man Geschäfte macht und dabei Geld verdient. Antworten Sie ungefähr so: »Jede Arbeit, die ich gemacht habe, hat mir neue Einsichten in meinen Beruf vermittelt, und je höher man klettert, um so wichtiger wird es, daß man die niedrigeren Ebenen versteht. Denn jeder leistet seinen Beitrag zu den Gewinnaussichten des Unternehmens. Jedenfalls ist die Arbeit sicherlich einfacher zu planen, wenn man aus erster Hand weiß, was die anderen tun müssen, um ihre Aufgaben zu erfüllen.«

❑ *Erläutern Sie Ihre Funktion als Gruppen-/Teammitglied.*

Man fordert Sie auf, sich als Teamspieler oder Einzelgänger zu bezeichnen. Die meisten Abteilungen sind, um Erfolg zu haben, auf harmonische Teamarbeit angewiesen, daher sollten Sie sich unbedingt als Teamspieler ausgeben: »Ich mache meine Arbeit so, daß ich anderen helfe, ihrerseits effizient zu arbeiten. Über die bloße Mechanik der Arbeit hinaus ist es unser aller Aufgabe, den Arbeitsplatz zu einem freundlichen und angenehmen Ort zu machen. Das bedeutet, daß alle für einen gemeinsamen Zweck arbeiten und die für diesen Zweck nötigen Opfer bringen.«

❑ *Wie würden Sie eine gute Arbeitsatmosphäre definieren?*

Das ist eine heikle Frage, vor allem, da Sie vermutlich keine Ahnung davon haben, was für eine Arbeitsatmosphäre in diesem speziellen Büro herrscht. Je länger von daher Ihre Antwort ist, um so größer die Chance, daß Sie das Falsche sagen. Antworten Sie kurz und wunschgemäß: »Eine gute Arbeitsatmosphäre herrscht dann, wenn ein Team ernsthaft an seiner Arbeit interessiert ist und ein gutes Produkt produzieren bzw. eine gute Dienstleistung erbringen will.«

❑ *Wie organisieren und planen Sie größere Projekte?*

Eine effektive Planung erfordert sowohl vorwärts gerichtetes Denken (»Wen und was werde ich brauchen, um diese Arbeit zu erledigen?«) als auch den Blick zurück (»Welche Schritte müssen wann unternommen werden, damit die Arbeit bis zum 20. abgeschlossen ist?«). Zu einer effektiven Planung gehört auch die Festsetzung von Toleranzgrenzen für Zeit- und Kostenüberschreitungen. Zeigen Sie, daß Sie an alles denken.

❑ *Wie hoch ist die wöchentliche Arbeitszeit, die Sie für nötig halten, um Ihre Arbeit zu erledigen?*

Es gibt keine absolut richtige Antwort, also müssen Sie wieder alle Möglichkeiten abdecken. Einige Manager sind stolz darauf, auch noch nachts und wochenends zu arbeiten und ihren Urlaubsanspruch nicht voll auszuschöpfen. Andere sind stolz auf ihre ausgezeichnete Planung und

Zeiteinteilung, die es ihnen ermöglicht, zu regulären Feierabendzeiten nach Hause zu gehen. Sie müssen beides berücksichtigen: »Ich versuche meine Zeit effektiv einzuteilen, was mir gewöhnlich auch gelingt. Manchmal jedoch eilt ein Geschäft, dann versuche ich die Arbeit so schnell wie möglich zu erledigen.« Der Interviewer wird nur selten insistieren und nach einer bestimmten Stundenzahl fragen. Wenn doch, drehen Sie den Spieß einfach um: »Das kommt auf die Projekte an. Was ist in Ihrer Abteilung üblich?« Die Antwort gibt Ihnen natürlich das richtige Stichwort.

❑ *Erzählen Sie mir, wie Sie in Ihrer Firma aufgestiegen sind.*

Eine Karriere-Frage, deren Beantwortung sehr viel über Ihre Persönlichkeit, Ihre Ziele, Ihre Vergangenheit, Ihre Zukunft und den noch in Ihnen steckenden Elan verrät. Sie können ausführlich antworten, aber versuchen Sie, nicht abzuschweifen. Lassen Sie Ihre zentralen Persönlichkeitszüge in Ihrer Geschichte nicht zu kurz kommen (denn das ist die perfekte Gelegenheit dazu). Sie sollten Ihre Beförderungen nicht nur erwähnen, sondern betonen, daß sie das Ergebnis engagierter, langfristiger Bemühungen, substantieller Beiträge und genialischer Inspiration waren.

❑ *Was haben Sie – im Rückblick – für Dummheiten gemacht?*

Sie machen nie irgendwelche Dummheiten in Ihren geschäftlichen Angelegenheiten und – seit Ihrem Einstieg ins Berufsleben – auch keine in Ihrem Privatleben mehr, stimmt's? Die einzigen unbedenklichen Beispiele, die Sie anführen können, liegen weit zurück und nahmen schließlich ein gutes Ende: »Wahrscheinlich war der Kauf meines Hauses eine Dummheit. Ich hatte keine Ahnung, worauf ich mich einließ, und zu dieser Zeit konnte ich es mir wirklich nicht leisten. Und doch gelang es mir, das

Geld aufzubringen, auch wenn ich wie ein Irrer schuften mußte. Tja, mein erstes Haus, das war wirklich eine lehrreiche Erfahrung.« Auf dieses Beispiel kann sich nicht nur fast jeder beziehen, sondern es gibt Ihnen auch Gelegenheit, dem Interviewer einen oder zwei Ihrer positiven und einnehmenden Charakterzüge unterzujubeln.

Kapitel 17

Der elegante Abtritt

Frei nach Shakespeare: Die ganze Welt ist eine Bühne, und alle Menschen sind nur Schauspieler, die auftreten und wieder abtreten. Vorhänge heben sich und fallen, doch Ihre gewaltige Leistung muß von einem professionellen und denkwürdigen Abtritt gekrönt werden. Um sicherzugehen, daß Sie den richtigen Eindruck hinterlassen, werden in diesem Kapitel noch einmal die Verhaltensgebote und -verbote für das Ende des Bewerbungsgesprächs wiederholt.

Sie können davon ausgehen, daß das Bewerbungsgespräch seinem Ende entgegengeht, wenn man Sie fragt, ob Sie noch irgendwelche abschließenden Fragen haben. Stellen Sie Ihre Fragen, und heben Sie dabei Ihre Stärken und Ihren Enthusiasmus hervor. Beim Bewerbungsgespräch ist es Ihr Ziel, eine Stelle angeboten zu bekommen, daher sollte es Ihnen leicht fallen, die Fehler zu vermeiden, die Ihrem Anliegen schaden.

Verbote

1. *Sprechen Sie nicht über Gehalt, Urlaub oder Sozialleistungen.* Nicht, daß diese Fragen unberechtigt wären, nur der Zeitpunkt ist falsch. Wenn Sie diese Themen anschneiden, bevor man Ihnen ein Angebot gemacht hat, dann fragen Sie danach, was das Unternehmen für Sie tun kann, statt zu zeigen, was Sie für das Unternehmen tun können. Diese Dinge müssen ausgehandelt werden, aber ohne Angebot gibt es nichts auszuhandeln.

2. *Drängen Sie nicht auf eine schnelle Entscheidung.* Als Bewerber sollten Sie unbedingt fragen: »Wann werden Sie mir Ihre Entscheidung mitteilen?« Sie sollten jedoch, egal wie die Antwort aussieht, nicht auf eine schnellere Entscheidung drängen. Und verwenden Sie nicht den Trick als Druckmittel, von den ›anderen Angeboten, die mir gemacht wurden‹ zu sprechen. Das ärgert den Interviewer, macht Sie lächerlich und läßt Sie von einer Position der Schwäche aus verhandeln. Richtige Zeitplanung ist alles, und wie man ›andere Angebote‹ als Druckmittel richtig einsetzt, wird später, in Teil 4, gezeigt.

3. *Lassen Sie sich keine Entmutigung anmerken.* Manchmal bietet man Ihnen sofort eine Stelle an. Meistens aber nicht. Wenn man Ihnen während des Bewerbungsgesprächs keine Stelle anbietet, zeigen Sie keine Entmutigung, weil das auf einen Mangel an Selbstvertrauen und Zielstrebigkeit hindeuten würde. Einen schlechten Eindruck zu vermeiden heißt noch nicht, einen guten Eindruck zu hinterlassen. Enthusiasmus, Schneid und Offenheit sollten das ideale Bild bestimmen, das Sie von sich zeichnen – das sind ja auch die Eigenschaften, die Sie während des ganzen Bewerbungsgesprächs zu erkennen gaben.

4. *Fragen Sie nicht, wie Sie in dem Bewerbungsgespräch abgeschnitten haben.* Dadurch erzwingen Sie eine Entscheidung und bringen den Interviewer in Verlegenheit.

Gebote

1. *Wenn Ihnen abschließend die Gelegenheit gegeben wird, Fragen zu stellen, gehen Sie noch einmal Ihre Notizen durch.* Bringen Sie jene Stärken zur Sprache, auf die noch nicht eingegangen wurde. Stellen Sie arbeitsplatzbezogene Fragen.

2. *Zeigen Sie Entschlossenheit.* Wenn man Ihnen die Stelle anbietet, nehmen Sie sie mit Begeisterung an.

Schließen Sie die Sache ab und gewinnen Sie Ihre Beherrschung zurück; Sie können Ihre Meinung später immer noch ändern.

3. *Wenn Sie von mehreren Personen befragt werden, sollten Sie herausfinden, wie deren Namen richtig geschrieben werden.* »Es hat mich gefreut, Ihre Kollegen kennenzulernen, Frau Schmidt. Würden Sie mir bitte sagen, wie man Ihre Namen schreibt?« Diese Frage wird Ihnen die Namen wieder in Erinnerung rufen, die Sie im Eifer des Gefechts vergaßen, und Ihren Respekt demonstrieren.

4. *Gehen Sie die Stellenanforderungen mit dem Interviewer durch, und zeigen Sie, wie Ihre Fähigkeiten und Eigenschaften Punkt für Punkt darauf passen.*

5. *Fragen Sie, ob es nur ein einmaliges Bewerbungsgespräch gibt.* Wenn ja, müssen Sie voller Begeisterung Ihr Interesse an der Stelle bekunden. Finden Sie heraus, bis wann eine Entscheidung getroffen wird, und schließen Sie so: »Ich bin ganz begeistert von der Stelle und den Möglichkeiten der Mitwirkung. Wenn Sie sich bis zum 15. entscheiden, was kann ich dann in der Zwischenzeit tun, um mir die Stelle zu sichern?«

6. *Fragen Sie nach dem nächsten Bewerbungsgespräch.* Wenn das Einstellungsverfahren mehrere Bewerbungsgespräche vorsieht, sollten Sie genauso ehrlich und offen nach dem nächsten Termin fragen: »Ist jetzt nicht der richtige Zeitpunkt, unser nächstes Treffen zu vereinbaren?« Ohne Frage kein Angebot!

7. *Eine Suggestivfrage, die Sie gut stellen können, ist »Über welche speziellen Aspekte der Stelle und dieses Gesprächs sollte ich nachdenken, bis ich wieder von Ihnen höre?«*

8. *Seien Sie beim Abschied immer genauso höflich und selbstsicher wie beim Eintritt.* Schauen Sie dem Interviewer in die Augen, lächeln Sie (es besteht allerdings kein Grund, gezwungen zu grinsen), verabschieden Sie sich mit einem festen Händedruck und sagen Sie: »Das

war ein aufregendes Treffen für mich. Die Arbeit wird mir leichtfallen. Und ich spüre, daß ich etwas zu Ihren Zielen beisteuern kann, weil ich glaube, die Atmosphäre hier ist genau richtig, um das Beste aus mir herauszuholen. Wann sprechen wir uns wieder?«

Teil 4

Die letzten Reserven mobilisieren

Mit dem erfolgreichen Abschluß des ersten Gesprächs ist ein Stellenangebot zwar nähergerückt, doch Ihre Stellensuche ist damit noch keineswegs zu Ende.

Ein Unternehmen stellt nur selten die erste kompetente Person ein, die sich vorstellt. Heute steht einem Unternehmen ein riesiges Reservoir zur Verfügung, aus dem es schöpfen kann. Ein Manager befragt manchmal für eine bestimmte Stelle bis zu 15 Bewerber, aber dadurch, daß diese Gespräche sehr viel Nerven kosten und schnell aufeinanderfolgen, beeinträchtigen sie natürlich die Erinnerung an jeden Kandidaten. Wenn Sie nicht die letzte Person sind, die befragt wird, dann verblaßt der Eindruck, den Sie hinterlassen, mit jedem weiteren Gespräch des Interviewers immer mehr. Wenn man sich aber nicht an Sie erinnert, wird man Ihnen auch nicht die Stelle anbieten. Sie müssen eine Strategie entwickeln, die bewirkt, daß Ihr Name und Ihre Fähigkeiten sich dem Gedächtnis des Interviewers einprägen. Dieses Mobilisieren der letzten Reserven ist häufig entscheidend.

Einige der folgenden Anregungen mögen Ihnen nicht weltbewegend erscheinen, sondern lediglich als eine Demonstration Ihrer Umgangsformen, Ihrer Begeisterung und Ihrer Zielstrebigkeit. Aber denken Sie daran, daß heutzutage *alle* Arbeitgeber nach Arbeitskräften suchen, die das *gewisse Etwas* haben. Deshalb müssen Sie einen negativen (oder neutralen) Eindruck vermeiden, der dann entsteht, wenn Sie diese Richtlinien nicht beachten.

Kapitel 18

Aus den Augen, aus dem Sinn

Wenn Sie aus dem Bewerbungsgespräch kommen, atmen Sie zuerst einmal erleichtert auf. Dann werden Sie dafür sorgen, daß ›aus den Augen, aus dem Sinn‹ nicht für Sie gilt. Dazu nehmen Sie gleich im Anschluß an das Bewerbungsgespräch eine Nachbereitung in Angriff.

Sie sollten, egal, ob Sie in Ihrem Auto, im Bus oder im Zug sitzen, das Bewerbungsgespräch schriftlich rekapitulieren, solange es Ihnen noch gegenwärtig ist. Beantworten Sie folgende Fragen:

- Wem sind Sie begegnet? Namen und Bezeichnungen.
- Welche Anforderungen stellt die Arbeit?
- Wieso sind Sie für die Stelle geeignet?
- Welche Teile des Bewerbungsgesprächs sind schlecht gelaufen? Warum?
- Welches weitere Vorgehen haben Sie vereinbart?
- Worüber haben Sie sich in den letzten Minuten des Bewerbungsgesprächs unterhalten?

Es dürfte am schwierigsten – und wichtigsten – sein, jene Teile des Bewerbungsgesprächs zu analysieren, die schlecht gelaufen sind. Niemandem wird allein aufgrund seiner Stärke eine Stelle angeboten. Im Gegenteil, viele bekommen eine Stelle aufgrund ihrer im Vergleich zu anderen Bewerbern niedrigeren Zahl von Negativmerkmalen. Daher ist es ein unbedingtes *Muß,* daß Sie alle Negativaspekte Ihrer Leistung erkennen. Das ist der einzige Weg, der es Ihnen in der Nachbereitungsphase und in späteren Bewerbungsgesprächen ermöglicht, jene Negativmerkmale geschickt zu verpacken und damit auszuschalten.

Der nächste Schritt besteht darin, dem Interviewer einen Anschlußbrief zu schreiben, um sich für das Treffen zu bedanken und sich wieder bei ihm ins Gedächtnis zu rufen.

1. *Schreiben Sie den Brief mit der Schreibmaschine.* Das zeugt von größerer Professionalität. Wenn Sie keine eigene Schreibmaschine haben, wird das – für wenig Geld – ein Schreibbüro für Sie erledigen. Wenn der Brief aus irgendeinem Grund nicht getippt werden kann, dann schreiben Sie ihn wenigstens ordentlich und leserlich. Der Brief sollte dem Unternehmensvertreter drei Punkte klarmachen:

- Sie haben das Gespräch aufmerksam verfolgt;
- Sie haben sich die Kommentare des Interviewers zu Herzen genommen;
- die Arbeit würde Ihnen nicht nur leichtfallen, sie gefällt Ihnen auch außerordentlich. Und Sie sind stark daran interessiert.

2. *Verwenden Sie in Ihrem Brief die richtigen Worte und Redewendungen.* Hier ein paar Vorschläge:

- *Nachdenken:* »Nach einigem Nachdenken ...« Oder: »Nachdem ich über unsere Begegnung noch einmal nachgedacht habe ...«
- *Erkennen:* »Ich erkenne die Bedeutung ...«
- *Zuhören:* »Als ich die Argumente hörte, die Sie vorbrachten ...«
- *Begeisterung, begeistert:* Lassen Sie den Interviewer etwas von Ihrer Begeisterung spüren. Das ist sehr wirksam, besonders wenn Ihr Brief zu einem Zeitpunkt ankommt, wo andere Kandidaten im Bewerbungsgespräch Blut und Wasser schwitzen.
- *Beeindruckt:* Geben Sie dem Interviewer zu verstehen, daß Menschen/Produkt/Dienstleistung/Einrichtungen/Markt/Position Sie beeindruckt haben, aber *übertreiben Sie nicht.*

- *Herausforderung:* Sie haben das Gefühl, diese Arbeitsatmosphäre fordere Sie dazu heraus, Ihr Bestes zu geben.
- *Zuversicht:* Es gilt, eine Arbeit zu erledigen und eine Herausforderung zu bestehen. Teilen Sie dem Interviewer mit, daß Sie sich beides ohne weiteres zutrauen.
- *Interesse:* Wenn Sie die Stelle oder ein weiteres Bewerbungsgespräch möchten, sagen Sie es. In diesem Stadium ist die Firma der Käufer, und Sie sind der Verkäufer. Bringen Sie nachdrücklich und begeistert Ihr Interesse an der Stelle zum Ausdruck.
- *Dankbarkeit:* Aus Höflichkeit und als Zeichen Ihrer Professionalität müssen Sie dem Interviewer Ihre Dankbarkeit dafür mitteilen, daß er sich trotz eines gedrängten Terminkalenders Zeit für Sie genommen hat.

3. *Immer wenn sich Ihnen eine passende Gelegenheit bietet, sollten Sie die Namen der Personen erwähnen, denen Sie beim Bewerbungsgespräch begegnet sind.* Lenken Sie die Aufmerksamkeit auf eines der Themen, das den oder die Interviewer allgemein interessiert hat.

4. *Richten Sie Ihren Anschlußbrief an Ihren Hauptgesprächspartner.* Schicken Sie eine Kopie an die Personalabteilung, und bedanken Sie sich noch einmal aus Höflichkeit.

5. *Verschicken Sie den Brief innerhalb von 24 Stunden nach dem Bewerbungsgespräch.* Wenn die Entscheidung in den nächsten Tagen gefällt wird, überbringen Sie den Brief persönlich. Der Anschlußbrief trägt dazu bei, Sie von den anderen Bewerbern abzuheben. Er wird Ihr Bild gerade dann im Gedächtnis des Interviewers auffrischen, wenn es normalerweise anfangen würde zu verblassen.

6. *Wenn Sie nach fünf Tagen noch nichts gehört haben – was nicht ungewöhnlich ist –, rufen Sie den Unternehmensvertreter einfach an.* Wiederholen Sie die wichtigsten Punkte Ihres Briefes, sagen Sie, daß Sie die Stelle

bzw. ein weiteres Bewerbungsgespräch möchten, und beenden Sie Ihre Ausführungen mit einer Frage: »Herr Schmidt, ich bin überzeugt davon, etwas zu der Leistungsfähigkeit Ihrer Abteilung beisteuern zu können, und ich bin wirklich sehr an der Stelle interessiert. Was muß ich tun, um sie zu bekommen?« Schweigen Sie dann, und warten Sie auf die Antwort. Vielleicht sagt man Ihnen, daß Sie nicht länger im Rennen sind. Das nächste Kapitel zeigt Ihnen, daß das eine *große* Chance ist, diese schmähliche Niederlage in einen glänzenden Sieg zu verwandeln.

Kapitel 19

Wie Sie eine schmähliche Niederlage in einen glänzenden Sieg verwandeln

Im Verlauf der Bewerbungsgespräche werden Sie sicher Interviewern begegnen, die *fälschlicherweise* zu der Überzeugung kommen, daß Sie für die zu besetzende Stelle nicht der Richtige sind. In diesem Fall wird man Sie ablehnen. Diese schreiende Ungerechtigkeit kann in verschiedener Weise über Sie hereinbrechen:

- während des Bewerbungsgesprächs;
- in einem Ablehnungsbescheid;
- im Verlauf des anschließenden Telefongesprächs.

Sie müssen, unabhängig davon, wann die Ablehnung Sie ereilt, gefühlsmäßig und geistig darauf vorbereitet sein, aus dieser sich Ihnen bietenden *Gelegenheit* Kapital zu schlagen.

Wenn Sie auf die einzige Bewerbung, die Sie laufen haben, eine Ablehnung bekommen, kann das für Ihr Ego verheerend sein. Deshalb habe ich die ganze Zeit hervorgehoben, daß es klug ist, sich zumindest um ein paar Bewerbungsgespräche zugleich zu bemühen. Das gilt natürlich nicht, wenn Sie das Glück haben, von einem fähigen Personalberater vertreten zu werden. Er hat natürlich dann die Gelegenheiten eruiert, mit denen Sie am besten anfangen.

Ablehnungen sind *unvermeidlich*. Niemand ist für jede Stelle geeignet. Andererseits bekommt nicht immer der Geeignetste die Stelle, sondern häufig der am besten Vorbereitete und Zielstrebigste. Auch wenn Sie vielleicht für die anfängliche Ablehnung mitverantwortlich sind, so steht es doch immer in Ihrer Macht, die Situation zu retten und sich das Stellenangebot zu sichern. Was Sie mit dem errungenen Sieg anfangen, ist eine andere Frage; Sie sind dann auf jeden Fall in einem Verkäufermarkt und halten das Heft in der Hand.

Um das zu erreichen, bedarf es nur der Willenskraft und Zielstrebigkeit. Fast jede Stelle, die Sie sich wünschen, ist erreichbar, wenn Sie erst einmal den Vorgang von der Seite des Interviewers aus verstehen. Ihre anfängliche – und nur vorläufige – Ablehnung ist auf eine der folgenden Ursachen zurückzuführen:

- Der Interviewer glaubt nicht, daß Sie der Arbeit gewachsen seien.
- Der Interviewer hat den Eindruck, es fehle Ihnen ein erfolgreiches Wertprofil.
- Der Interviewer hatte nicht das Gefühl, daß gerade Sie etwas zum reibungslosen Funktionieren der Abteilung beitragen könnten.

Glauben Sie an sich – und der Erfolg gehört trotzdem Ihnen. Sagen Sie sich während des gesamten Bewerbungsverfahrens immer wieder: »Ich will diese Stelle haben; kein anderer kann dieser Firma so viel geben wie ich!« Wenn Ihnen dann eine Ablehnung persönlich, brieflich oder telefonisch mitgeteilt wird, sollten Sie sofort nach dem folgenden Plan vorgehen:

1. Schritt:

Danken Sie dem Interviewer für die Zeit, die er sich genommen hat und für seine Freundlichkeit. Fragen Sie dann höflich: »Um meine zukünftige Stellensuche zu erleichtern, würde ich gern wissen, warum man mich nicht für die Stelle ausgewählt hat.« Versichern Sie dem Interviewer, daß Ihnen wirklich an einem ehrlichen und objektiven Urteil gelegen ist. Hören Sie sich die Antwort an, und unterbrechen Sie ihn nicht, egal, was er sagt. Nutzen

Sie die Zeit sinnvoll, und machen Sie sich so viel Notizen wie möglich. Wenn der Unternehmensvertreter dann aufhört zu reden, zeigen Sie, daß Sie die Kritik verstehen. (Denken Sie daran: Verstehen und Zustimmen sind zwei Paar Stiefel.)

»Danke, Herr Schmidt, jetzt kann ich Ihr Gefühl verstehen. Da ich mit Bewerbungsgesprächen noch nicht so vertraut bin, haben mir meine Nerven wohl einen Streich gespielt. Ich bin sehr daran interessiert, für Ihr Unternehmen zu arbeiten (*sagen Sie das voller Enthusiasmus*), und entschlossen, die Stelle zu bekommen. Wir sollten uns noch einmal treffen. Ich bin dann sicher nicht mehr so nervös, und Sie werden sich davon überzeugen können, daß ich wirklich die von Ihnen gewünschten Fähigkeiten und Eigenschaften besitze (*führen Sie als Beispiel eine Fähigkeit in dem kritischen Bereich an*). Sie bestimmen Ort und Zeit – ich werde da sein. Wann paßt es Ihnen am besten, Herr Schmidt?«

Natürlich schließen Sie wieder mit einer Frage. Eine so eindringliche Bitte ist schwer abzulehnen und wird Ihnen normalerweise ein weiteres Bewerbungsgespräch einbringen. – Ein Bewerbungsgespräch freilich, bei dem Sie glänzen *müssen.*

2. Schritt:

Gehen Sie Ihre Notizen noch einmal durch, und akzeptieren Sie die Kritik des Unternehmensvertreters. Ihre Stichhaltigkeit spielt keine Rolle; entscheidend ist, daß diese negativen Punkte die Problembereiche darstellen, die der Interviewer bei Ihnen wahrnimmt. Listen Sie diese negativen Wahrnehmungen auf, und entwickeln Sie verschiedene Methoden, jeden dieser Punkte zu entkräften oder zu kompensieren, indem Sie jene Techniken, Übungen und Schlüsselwerte verwenden, die in diesem Buch immer wieder diskutiert wurden.

3. Schritt:

Lesen Sie noch einmal Teil 3.

4. Schritt:

Üben Sie laut die Erklärungen und Antworten, die Sie im Bewerbungsgespräch geben wollen. Wenn Sie dabei jemanden haben, der die Rolle des Interviewers übernimmt, um so besser. Das erzeugt eine authentische Gesprächsatmosphäre und trägt zu Ihrem Erfolg bei.

5. Schritt:

Studieren Sie *sämtliche* verfügbaren Informationen über das Unternehmen.

6. Schritt:

Gratulieren Sie sich immer wieder zu jedem neuen Bewerbungsgespräch, das Sie nach anfänglicher Ablehnung vereinbaren. Das beweist Ihren Selbstwert, Ihre Kompetenz und Ihre Zielstrebigkeit. Sie haben nichts zu verlieren, aber alles zu gewinnen, sind Sie doch schon wie ein Phoenix aus der Asche einer vorläufigen Niederlage aufgestiegen.

7. Schritt:

Bitten Sie während des Bewerbungsgesprächs hartnäckig und enthusiastisch um die Stelle. Ihr Elan und Ihr Durchhaltevermögen werden Ihren Gesprächspartner beeindrucken. Um sich die Stelle zu sichern, müssen Sie nur die bei Ihnen wahrgenommenen Negativmerkmale entkräften. Und Sie haben genug Zeit, sich vorzubereiten. An die Arbeit!

8. Schritt:

Auch wenn bei dem anschließenden Bewerbungsgespräch alles schiefläuft, gehen Sie nicht, ohne ein letztes Mal um die Stelle zu bitten. Spielen Sie Ihren Trumpf aus: »Herr Schmidt, ich weiß es zu schätzen, daß Sie mir die Chance gegeben haben, mich hier und heute zu bewähren. Ich bin sicher, die beste Person für diese Stelle zu sein. Ich möchte, daß Sie es mit mir versuchen, und ich werde Ihnen mit meiner Arbeit beweisen, daß ich der beste Fang bin, den Sie dieses Jahr gemacht haben. Geben Sie uns beiden diese Chance?«

Die meisten Bewerber bemühen sich vergeblich, weil sie gerade dann aufgeben, wenn sich der Erfolg ankündigt. Folgen Sie diesen Anweisungen, dann können Sie die Stelle erobern. Sie haben bewiesen, daß Sie ein Kämpfer sind, und das wird allgemein geschätzt. Der Unternehmensvertreter möchte, daß Sie Erfolg haben, weil Sie aus einem Holz geschnitzt sind, das heute selten geworden ist. Sie haben Mumm, Elan und Ausdauer – die Kennzeichen eines Gewinners. Absagen sind eine Gelegenheit, Ihre Stärken zu üben und zu festigen, und Sie werden Ihre steigende Zahl von Stellenangeboten weiter erhöhen.

Kapitel 20

Viele Bewerbungsgespräche, viele Angebote

Falscher Optimismus und Trägheit verführen viele Stellensuchende dazu, sich jeweils schon mit der Aussicht auf nur ein Bewerbungsgespräch zufriedenzugeben. Das reduziert nicht nur Ihre Chancen beträchtlich, innerhalb der von Ihnen gewählten Frist die beste Stelle in der Stadt zu ergattern, es sorgt auch dafür, daß Sie weiterhin in einem Käufermarkt operieren.

Am ratsamsten ist es, so viele Bewerbungsgespräche zu vereinbaren, wie in einem Zeitraum von zwei bis drei Wochen möglich sind. Gesprächsfertigkeit muß man sich erst erwerben, und Übung macht auch hier den Meister. Je größer Ihre Gesprächsfertigkeit, um so größer Ihr Selbstvertrauen, wodurch Ihre natürliche Nervosität vor dem Gespräch verschwinden wird. Ihre potentiellen Arbeitgeber erkennen so Ihr Selbstvertrauen, und das stellt Sie in ein positives Licht. Und da andere Unternehmen an Ihnen interessiert sind, werden sich alle beeilen, um sich Ihre Dienste zu sichern. Das ist besonders wichtig, wenn Sie sich in der unglücklichen Lage befinden, arbeitslos zu sein. Gerade wenn Sie keine Arbeit haben, brauchen Sie am dringendsten Geld, und Sie können dann auf dem freien Markt nur ein stark reduziertes Gehalt verlangen. Die Bewerbungsaktivitäten, die Sie entfalten, helfen das wettzumachen.

Indem Sie viele Bewerbungsgespräche arrangieren, bringen Sie den Moment des ersten Stellenangebots näher und näher. Dieses erste Stellenangebot können Sie so nutzen, daß Sie schnell eine Menge weiterer Angebote erhalten. Und mit einem einzigen Stellenangebot ist Ihr Status als Arbeitsloser praktisch schon aufgehoben.

Sie können sofort jedes Unternehmen anrufen, bei dem Sie ein Bewerbungsgespräch hatten, und die Situation erklären. »Herr Müller, ich rufe deshalb an, weil ich ein Stellenangebot von einem Ihrer Konkurrenten erhalten habe und ja noch auf einen Bescheid von Ihnen warte. Ich würde sehr ungern eine Entscheidung treffen, ohne die Chance zu haben, noch einmal mit Ihnen zu sprechen. Unser Treffen hat mich sehr beeindruckt. Können wir uns in den nächsten Tagen sehen?« Schließen Sie auf jeden Fall mit einer Frage, die das Gespräch voranbringt.

Wenn Sie überhaupt im Rennen waren, wird Ihr Anruf normalerweise zu einem weiteren Bewerbungsgespräch führen bzw. die Entscheidung beschleunigen; Herr Müller will sich eine unvermutet hochgeschätzte Ware nicht entgehen lassen. Merken Sie sich: Es liegt in der Natur des Menschen, gerade das zu wollen, was sich zu entziehen droht. Wie Sie sehen, kann Ihr erstes Angebot fast mit der Zahl der Bewerbungsgespräche multipliziert werden, die Sie jeweils in Aussicht haben.

Ein einziges Stellenangebot können Sie auch dazu verwenden, Bewerbungsgespräche mit neuen Firmen anzubahnen. Das ist genauso einfach wie Ihre normalen telefonischen Kontaktgespräche, nur daß Sie diesmal anders enden. Sie seien sehr daran interessiert, sich mit Ihnen zu treffen, weil Sie über das Unternehmen/das Produkt/die Dienstleistung Bescheid wüßten, aber auch, weil Sie gerade ein Stellenangebot erhalten hätten. Wäre es möglich, sich in den nächsten Tagen zu treffen.

Wenn Sie jeweils auf nur ein Bewerbungsgespräch setzen, so muß das einfach zu anhaltender Angst, Enttäuschung und vielleicht sogar Arbeitslosigkeit führen. Dieses Vertrauen ist auf eine Mischung von falschem Optimismus, Bequemlichkeit und Angst vor Ablehnung zurückzuführen. Dies sind Charakterzüge, die nur bei eingefleischten Schwarzsehern toleriert werden können, denn daraus resultiert unvermeidlich ein Mißerfolg. »Unser Charakter ist unser Schicksal«, wie Heraklit sagte. Wir in der Stellenvermittlung sagen: »Das Stellenangebot, auf das man hundertprozentig setzt, kommt garantiert nicht.«

Andererseits ist Selbstachtung für Ihren Erfolg unverzichtbar, und auch Ihr Glück hängt davon ab. Erfolg bewirkt, daß Sie jeden Morgen mit einer bis dahin nicht gekannten Vitalität aufwachen. Ihre Energie erhöht sich, Ihre Begeisterung nimmt zu, und Ihr Leistungswille wird angefacht. Je mehr Sie heute tun, um so besser fühlen Sie sich morgen.

Auch wenn Sie sich sklavisch an diesen Plan halten, wird nicht jedes Bewerbungsgespräch zu einem Angebot führen. Aber wenn Sie viele Eisen im Feuer haben, dann wird eine vereinzelte Absage Ihren Kampfgeist nicht sinken lassen. Wenn doch, dann werden Sie endlich erwachsen! Es wird nicht das erste oder letzte Mal sein, daß Sie eine Ablehnung verkraften müssen. Seien Sie hartnäckig und verschließen Sie sich unbedingt allen negativen und entmutigenden Einflüssen. Der Erfolg, den Sie erleben, wenn Sie diesen Plan ausführen, erhöht Ihr Potential an Willenskraft und Entschlossenheit, verändert Sie innerlich, bewirkt den erfolgreichen Abschluß Ihrer Stellensuche und bereichert Ihr gesamtes Leben. Fangen Sie heute damit an. Der Schlüssel zu Ihrem Erfolg ist die Vorbereitung. Denken Sie daran: Sie müssen planen und organisieren, wenn Sie reich werden wollen. Arm zu bleiben ist leicht; Armut bedarf keiner Anstrengung. Verschieben Sie nichts auf ein Morgen, das nie kommt, und fangen Sie schon heute damit an, Ihre gut ausgestattete Aktentasche zu packen.

Schluß: Die glanzvollen Preise

Es ist Zeit zu handeln, Zeit, Ihre Konkurrenten beim Bewerbungsgespräch aus dem Felde zu schlagen. Alle Siege basieren auf sorgfältiger Vorbereitung, und wenn Sie dieses Buch gelesen haben, sind Sie für die Jagd gerüstet und bereit.

Ihr Siegeswille ist gefestigt und kampfbereit (Traumjobs fallen einem nicht in den Schoß). Sie haben begriffen, daß Erfolg davon abhängt, initiativ zu werden und selbst Bewerbungsgespräche einzufädeln. Bei diesen Bewerbungsgesprächen werden Sie das Interesse und die Aufmerksamkeit Ihres Gesprächspartners dadurch aufrechterhalten, daß Sie Ihre Hälfte des Gesprächs aktiv gestalten. Ihre Fragen bekunden Ihr Interesse, beweisen Ihre analytischen Fähigkeiten und bringen das Gespräch voran. Wenn Sie sich über die Bedeutung einer Frage nicht im klaren sind, dann stellen Sie zur Abklärung eine Gegenfrage.

Ein Unternehmen sieht in jenen Mitarbeitern seine wertvollsten Ressourcen, die seine Ziele verstehen und zu ihrer Verwirklichung beitragen. Diese Mitarbeiter haben alle etwas gemeinsam: Sie sehen in ihren verschiedenen Tätigkeiten eine Folge von Herausforderungen und Problemen, die alle vorhergesehen, angepackt und gelöst werden müssen. Genau diese Einstellung verschafft Ihnen eine Stelle und fördert Ihre Karriere.

Solche Leute machen schneller Karriere als andere, weil sie ein kritisches Bewußtsein der allgemein geschätzten Geschäftspraktiken und Wertsysteme besitzen. Sie beschleunigen ihre Karriere dann dadurch, daß sie jene Persönlichkeitszüge herausstellen, die diese Praktiken und Werte am besten ergänzen.

Wie ich zu Beginn dieses Buches sagte, ist ein Bewerbungsgespräch ein ritualisierter Paarungstanz. Dabei kommt alles auf Ihre Einstellung an. Nun, da Sie die Schritte beherrschen, sind Sie fähig, die glanzvollsten Preise zu erobern. Es ist nichts mehr zu sagen, außer: Gehen Sie zu Ihrem nächsten Bewerbungsgespräch und *zeigen Sie, was Sie können.*

Bibliographie

Einige der hier aufgelisteten Bücher können Sie billig in einer Buchhandlung kaufen. Einige jedoch sind sehr teuer, und so ist es für Sie günstiger, in die nächstgelegene öffentliche Bibliothek zu gehen, um die Bücher dort einzusehen. Viele öffentliche Bibliotheken verfügen über ein Fernleih-System. Sollte das von Ihnen gewünschte Buch in der Bibliothek, zu der Sie gehen, nicht vorhanden sein, kann der Bibliothekar es also normalerweise für Sie beschaffen.

Wie ich schon empfohlen habe, sollten Sie sich nicht *ausschließlich* auf Nachschlagewerke stützen. Diese dikken Schinken sind meistens etwas veraltet, und sie werden nicht jedes Jahr auf den neuesten Stand gebracht bzw. neu aufgelegt. Fragen Sie den zuständigen Bibliothekar nach den aktuellsten Ausgaben.

Unternehmensführer

- *Handbuch der Großunternehmen 1994,* 2 Bände, Verlag Hoppenstedt & Co. (Hrsg.), Darmstadt 1994, erscheint jährlich.
- *Die nicht notierten deutschen Aktiengesellschaften 1993/94,* Bd. 1 und 2, Verlag Hoppenstedt & Co. (Hrsg.), Darmstadt 1994, erscheint jährlich.
- *Das Deutsche Firmenalphabet – Firmen von A bis Z,* 33. Ausgabe, DAV-Verlags Haus, Darmstadt 1933.
- *Mittelständische Unternehmen 1994,* Verlag Hoppenstedt & Co., Darmstadt 1994, erscheint jährlich.
- *Die großen 500 – Deutschlands führende Unternehmen und ihr Management,* von Ernst Schmacke, Luchterhand Verlag, Neuwied, Loseblatt-Ausgabe, o. J.
- *Saling – Aktienführer,* Verlag Hoppenstedt & Co. (Hrsg.), 1993.

Blätter zur Berufskunde

Diese von der Bundesanstalt für Arbeit in Nürnberg herausgegebene Loseblatt-Serie enthält detaillierte Informationen über sämtliche Berufe (Berufsbild, Ausbildungsweg, Beschäftigungsmöglichkeiten). Erschienen im Bertelsmann Verlag, Gütersloh, fortlaufende Publikation.

Stellensuche/Berufswahl/Karriereplanung

- *Handbuch zur Berufswahlvorbereitung,* Bundesanstalt für Arbeit (Hrsg.) Mannheim 1984.
- *Berufsfindung, Berufswahl, Berufsweg,* Lothar Beinke (Hrsg.), Weil der Stadt 1982.
- *Berufswahl – leichtgemacht: der Fahrplan für eine systematische Berufsentscheidung,* Eckhard Ostertag, Hollfeld 1984.
- *Mut zum Erfolg. Warum Frauen blockiert sind und was sie dagegen tun können,* Susan Schenkel, Frankfurt/New York 1988.
- *Frauen setzen sich durch. Leitfaden für den Berufsalltag mit Männern,* Kathryn Stechert, Frankfurt/New York 1988.
- *Frauen und Schlüsselqualifikationen: Chancen eines beruflichen Neuanfangs,* Gabriele de Sully, München 1987.
- *Chancen und Risiken beim Stellenwechsel,* Willi Münders, München 1984.
- *Was tun bei Kündigung,* Manfred Bosse, Düsseldorf 1985.
- *Die richtige Bewerbung für Hochschulabsolventen und Führungskräfte,* Hans Joachim von Plüskow, München 1988.
- *Sich bewerben und vorstellen,* Frank und Doris Brenner, München 1989.
- *Wie bewerbe ich mich richtig,* Heinz Knebel, Landsberg am Lech 1986.
- *Bewerbungsgespräche erfolgreich führen,* Manfred Lucas, Düsseldorf 1986.
- *Es gibt mehr Jobs, als du denkst,* Martin Massow, München 1986.
- *Arbeitsplätze für morgen – Berufe im Wandel der Zeit,* Marvin Cetron, Wiesbaden 1983.
- *So kommt man voran,* Heinrich Mechler, Landsberg am Lech 1985.

- *Traumjob in Deutschland. Die 100 besten Firmen für Arbeitnehmer,* Richard Kerler, München 1987.
- *Karriereziele verwirklichen,* Albert Thiele, Landsberg am Lech 1988.
- *Karriere-Kompass*, Heinz Commer, Düsseldorf, Wien, New York 1988.
- *Wege zum beruflichen Erfolg*, Gottfried Aigner, Wiesbaden 1988.
- *Karriereplanung,* Hans-Bernd Graupner und Helmut Simon, München 1987.
- *Der Karriereplaner. Erfolg in Leben und Beruf,* Band 1–12, Michael Sänger (Hrsg.), Verlag Beste Unternehmensführung 1994.

Fragenindex

Wolfgang Zielke

Konzentrieren keine Kunst

Überarbeitete Neuausgabe 1989. 170 Seiten

Wer klug ist, konzentriert sich besser. Wer sich konzentriert, wird klüger. Wie, sagen diese nützlichen Ratschläge und vergnüglichen Übungen. Wolfgang Zielke zeigt, wie man seine Konzentrationsfähigkeit durch Veränderung des eigenen Verhaltens und Arbeitens erhöhen kann. Er bietet ein vergnügliches Arbeitsbuch mit vielen Beispielen aus der Praxis.

»Hervorragend zur persönlichen Weiterbildung.« *Die Zeit im Buch*

Roger Fisher, William Ury

Das Harvard-Konzept: Sachgerecht verhandeln – erfolgreich verhandeln

8. Auflage. 1989. 213 Seiten

»Der gedankliche Kern der vorgestellten Methode liegt darin, daß nicht um zuvor festgelegte Positionen gerangelt werden sollte, sondern daß die Partner Interessen ausgleichen sollten: Suche nach Lösungen statt Angriff.« *Frankfurter Allgemeine Zeitung*

Roger Fisher, Scott Brown

Gute Beziehungen

Die Kunst der Konfliktvermeidung, Konfliktlösung und Kooperation

1989. 244 Seiten

»Die Autoren zeigen, wie man gute Beziehungen in allen Bereichen aufbaut, wie man sie pflegt und erweitert, wie man Konflikte austragen muß, ohne die guten Beziehungen zu stören und welches Maß an Vertrauen angezeigt ist. Praktische Ratschläge und Checklisten für das optimale Verhalten ergänzen das Werk. Im Gegensatz zu den meisten psychologischen Managementbüchern bietet dieses Buch fundierte Hilfe.« *Bilanz*

Campus Verlag · Frankfurt/New York